뻔하지 않고 실용적인
# 원격근무 안내서

# 뻔하지 않고 실용적인 ✦
# 원격근무 안내서

The Non-Obvious
Guide to
Virtual Meetings
& Remote Work

로히트 바르가바 지음
함현주 옮김

김영사

**뻔하지 않고 실용적인 원격근무 안내서**

1판 1쇄 인쇄 2021. 1. 20.
1판 1쇄 발행 2021. 1. 27.

지은이 로히트 바르가바
옮긴이 함현주

발행인 고세규
편집 임여진 | 디자인 조명이 | 마케팅 백선미 | 홍보 이한솔
발행처 김영사
등록 1979년 5월 17일(제406-2003-036호)
주소 경기도 파주시 문발로 197(문발동) 우편번호 10881
전화 마케팅부 031)955-3100, 편집부 031)955-3200 | 팩스 031)955-3111

값은 뒤표지에 있습니다.  ISBN 978-89-349-8976-9 03320

홈페이지 www.gimmyoung.com          블로그 blog.naver.com/gybook
인스타그램 instagram.com/gimmyoung    이메일 bestbook@gimmyoung.com

좋은 독자가 좋은 책을 만듭니다.
김영사는 독자 여러분의 의견에 항상 귀 기울이고 있습니다.

익숙한 업무 방식을 새롭게 바꿔보려는
용감한 분들에게 바칩니다.

# 차례

서문 | 혼란스러운 세상에서 일하는 법…10
서론 | 출근 없는 시대를 맞이한 사람들에게…12

## 1부 + 원격근무

### 1장 ● 원격근무 입문

원격근무가 증가하는 3가지 원인…021 | 사람들이 원격근무를 선호하는 이유…023 | 회사가 원격근무자를 선호하는 이유…025 | 원격근무와 재택근무의 차이…026 | 원격근무의 7가지 문제…027

### 2장 ● 원격근무자의 생활방식

업무 수행량이 많은 원격근무자의 5가지 습관…035 | 효율적인 일정 관리…039 | 방해물을 물리치고 집중하는 법…043 | 고립감과 외로움을 이겨내는 법…047 | 원격근무의 질을 높이는 5가지 마음챙김 원칙…051 | 원격근무와 생활의 균형을 이루는 3가지 방법…055

**3장 ● 업무 공간 만들기**

몰입적 업무인가, 피상적 업무인가…059 │ 업무 공간 선택 시 고려해야 할 10가지 요소…060 │ 홈 오피스 만들기…061 │ 나만의 업무 기반 시설 갖추기…063 │ 아날로그의 매력…064

**4장 ● 평판 쌓기와 온라인 퍼스널 브랜드 만들기**

퍼스널 브랜드의 정의…067 │ 퍼스널 브랜드가 비대면 업무에서 더 중요한 이유…068 │ 강력한 퍼스널 브랜드를 위한 3가지 요소…070 │ 자신의 개성을 드러낸다…071 │ 나만의 관점을 갖는다…073 │ 온라인에서 존재감을 갖는다…074 │ 일관성의 중요성…076

**2부 + 비대면 회의**

### 5장 ● 비대면 회의 준비하기

우선 고려해야 할 사항…081 │ 비대면 회의 안건을 정하는 비법 …082 │ 비대면 회의의 7가지 규칙…084 │ 기술을 제대로 알기…087 │ 참여 유도 전략 세우기…088 │ 비대면 회의의 4가지 모델…089 │ 막바지 준비…091

### 6장 ● 참여 유도하기

비대면 회의를 망치는 5가지 이유…095 │ 청중의 집중을 끌어내는 법…098 │ 원격근무에서 창의성 높이기…102 │ 전문가처럼 비대면 회의 쉽게 하기…104

### 7장 ● 비대면 프레젠테이션을 수행하는 방법

장비 및 공간 설정하기…109 │ 효과적인 비대면 프레젠테이션을 위한 10가지 비법…111 │ 다채로운 프레젠테이션 준비하기…117 │ 인상적인 프레젠테이션 수행하기…118 │ 비대면 프레젠테이션으로 상품 판매하기…121 │ 비대면 프레젠테이션에서 사과를 금하는 이유…124

### 8장 ● 가상 이벤트, 비대면 연수, 웨비나

가상 이벤트의 정의…129 │ 비대면 활동 6가지와 그 활용 방법…130 │ 비대면 이벤트 만들기…132 │ 비대면 회의의 발표자 정하기…136 │ 함께하는 비대면 활동 준비를 위한 3가지 비법…138 │ 뻔하지 않은 비대면 활동 아이디어…140

**3부 + 비대면 협업**

### 9장 ● 비대면 의사소통 기술

비대면 협업이 어려운 이유···147 | 나의 팀에 적합한 기대치 설정하기···149 | 디지털 보디랭귀지···152 | 뛰어난 비대면 의사소통 비결···153 | 원격근무 중 이메일을 잘 쓰는 3가지 비법···155 | 인스턴트 메신저나 단체 메신저 이용을 위한 3가지 비법···157 | 다문화 팀에서 의사소통하는 법···158 | 낙서가 협업을 향상한다···161

### 10장 ● 신뢰 문화 구축

비대면 팀에서 상호 신뢰를 쌓는 10가지 규칙···165 | 비대면 환경에서 신뢰를 무너뜨리는 사람의 특징···169 | 효과적인 팀 빌딩 활동···171 | 사일로 효과를 방지하는 법···173

### 11장 ● 원격근무 팀 이끄는 법

비대면 팀을 이끌기 위한 5가지 비법···179 | 원격근무 팀에서 흔히 생기는 문제 해결하기···184 | 책임감 증진하기···188 | 원격근무 팀의 갈등 해결하기···190 | 비대면 환경에서의 감성 지능···193

### 12장 ● 경쟁력을 갖춘 팀 꾸리기

진정한 다양성에 대해 사람들이 간과하는 것···199 | 훌륭한 원격근무자를 고용하기 위한 3가지 비결···201 | 비대면 면접에서 승리하는 법···202 | 비대면 온보딩 프로그램···204 | 원격근무와 블록체인···206 | 미래 직업의 변화를 이끌 5가지 트렌드···208

**결론** | 변화하는 업무 환경에서 살아남기···212
**부록** | 추천 도서···215 | 인용 출처···216

# 혼란스러운 세상에서 일하는 법

이 책을 고른 당신은 현명한 독자다.

독자를 어리숙한 존재로 취급하는 비즈니스 안내서가 넘쳐나고 심지어 표지에 버젓이 그렇게 밝힌 책도 있지만, 이 책은 다르다. 《뻔하지 않고 실용적인 원격근무 안내서》는 원격근무와 효과적인 가상 회의가 그 어느 때보다도 중요해진 세상에서 성공하는 법을 알려줄 것이다.

나는 코로나19 팬데믹 시기에 이 책에 필요한 자료를 조사하고 책의 집필을 마쳤다. 코로나19 팬데믹은 이미 우리의 업무 방식을 바꾸어놓았고 앞으로도 더 많은 변화를 가져올 것이다.

직업의 미래는 여전히 불확실하지만, 유연한 사고방식이 그 어느 때보다 중요하다는 사실은 누구나 알 수 있다. 매일 사무실로 출근하는 것이 익숙한 사람이든 이미 원격근무가 익숙한 기업가

이든, 유용한 통찰력을 모아놓은 이 책이 성공에 이르도록 도와줄 것이다.

빠르게 변하는 오늘날 세상이 우리에게 분명히 말해주는 한 가지가 있다. 적응력을 키우는 동시에 우리가 지금껏 해온 업무 방식을 기꺼이 뜯어고쳐야 한다는 것이다. 물론 쉬운 과제는 아니다.

좋은 소식은 그 과제를 이미 해결하고 지금도 계속 새롭게 도전하는 사람들이 있다는 것이다. 이 안내서는 자신의 노하우를 다른 사람에게 아낌없이 전하려는 이가 많다는 증거다.

당신은 이 혼란을 이겨낼 수 있다. 우리 모두 그럴 수 있다. 앞으로도 다른 사람과 공존하는 세상을 만들겠다는 마음만 먹는다면 충분히 가능하다.

워싱턴에서

로히트 바르가바

서론

## 출근 없는 시대를
## 맞이한 사람들에게

2004년 겨울, 내가 일하던 마케팅 회사 사무실이 워싱턴의 번화가로 이전했다. 사무실을 이전하면서 직원 좌석 배치가 바뀔 예정이었다. 새로운 좌석 배치가 발표되던 날 우리는 성적표라도 나온 고등학생들처럼 배치도를 향해 달려갔다. 나는 정말 기분이 좋았다. 창문이 있는 사무실을 배정받은 것이다. 새 건물에다 창문이 딸린 개인 사무실을 갖다니! 정말 대단한 일이었다. **난생 처음 내 사무실이 생겼다. 그리고 그것이 마지막이 되었다.**

수년간 내 사무실은 제2의 집이나 마찬가지였다. 내 사무실에 들른 동료들과 즉흥적으로 브레인스토밍 회의를 열기도 했고 일을 마친 뒤 술잔을 기울기도 했다. 고객과 힘겨운 입씨름을 한 날이면 그곳에서 서로 속내를 털어놓으며 스트레스를 풀기도 했다.

## 내 사무실은 우리 팀의 단결 장소였다.

몇 년 후, 우리 부부가 둘째 아이의 출산을 기다리고 있을 때 나는 내 첫 번째 책 《개성의 부재Personality Not Included》의 출판 제의를 받았다. 업무량이 너무 많아진 나는 상사를 찾아가 책을 쓰는 5개월 동안 매주 금요일에 회사를 쉬게 해달라고 요청했다. 예외적인 일이었지만 그는 내 요청을 들어주었다.

그 당시 나는 전국 사업을 맡은 팀에 배정받아 일주일에 하루는 맨해튼 지부로 출근했고, 금요일에는 집에서 책을 썼다. 원고 작성 마감을 몇 주 앞두었을 때 나는 워싱턴 본부장에게서 짧은 이메일을 받았다. 내가 사무실에서 거의 근무하지 않기 때문에 그 사무실을 다른 내근 직원에게 배정했다는 통보였다. 나는 그 통보에 충격이 꽤 컸고 화도 났다.

그건 내가 열심히 일해서 얻어낸 '내' 사무실이었다. 불공평했다. 당장이라도 달려가 따지고 싶은 마음이 굴뚝같았다. 하지만 아내가 논리적으로 나를 설득했다. 만약 사무실을 돌려받고 싶다면 지금보다 자주 사무실에 출근해서 그 사무실이 필요하다는 사실을 입증해야 한다는 것이었다. 그날 밤 3주 된 아들을 한쪽 팔에 안고 다른 쪽 손으로는 컴퓨터 키보드를 누르면서 나는 이제 더는 그 사무실에 가고 싶지 않다는 사실을 깨달았다.

그러고 나서 나는 다행히 근무시간을 자유롭게 선택할 수 있는 일자리를 얻었다. 이제 내 아들과 보내는 시간과 출근 가운데 하나를 선택할 필요가 없었다. 뉴욕으로 일주일에 한 번 출근했지만, 여전히 집에 있는 시간이 훨씬 많았다. 그때부터 나의 원격근무 여정이 시작되었고, 나는 다시는 되돌아가지 않겠다고 다짐했다. 뭔가 잘못됐다는 기분이 들기 전까지는 말이다.

## 나는 다시 사무실로 돌아가고 싶어졌다.

대기업 직원으로서 디지털 유목민digital nomad *의 삶을 선택한 지 3년이 지났을 때였다. 내게는 개인 사무 공간이 없었다. 업무를 처리할 일이 있으면 전 세계에 있는 회사 지부 사무실에 가서 그곳의 핫데스크hotdesk **를 이용했다. 내 명함에는 사무실 주소가 없었다. 그래도 맡은 일은 모두 순조롭게 진행되었고 회사는 거물급 클라이언트를 확보했다. 내가 쓴 책도 반응이 좋아서 기조연설자로서의 명성도 얻기 시작했다. 전 세계의 콘퍼런스에서 보수가 있는 연설 의뢰도 들어왔다.

하지만 예전처럼 동료와의 끈끈한 관계 같은 것은 없었다. 사무실을 방문할 때마다 낯선 얼굴의 새로운 직원이 있었고 그들 역시 나를 몰랐다. 정말 받아들이기 힘든 것은 이런 생활방식을

---

* 전 세계를 여행하면서, 혹은 원하는 곳 어디에나 거주하면서 일하는 사람. 디지털 노마드라고도 한다.
** 시간을 지정하여 교대로 개인 업무 공간을 사용하는 사무실. 비용 절감 목적으로 주로 사용된다.

선택한 것이 바로 나라는 사실이었다. 열성적인 원격근무 지지자였던 나는 단 몇 년 만에 외롭고 고립된 가상 팀원이 되어버렸다.

잠깐, 내 귀에 독자들의 수군거림이 들리는 것 같다.

"원격근무가 얼마나 멋진지, 가상 회의가 얼마나 좋은지 알려주는 책 아니었어?"

사실은 아니다.

**원격근무가 사무실에서 일하는 것보다 더 좋지는 않다. 하지만 때로는 어쩔 수 없이 원격근무를 해야 한다.**

이 책은 원격근무가 가장 좋다는 주장을 하려고 쓴 책이 아니다. 원격근무를 하면 비대면 회의를 할 수 있고, 다른 동료들이 업무 도중에 방해하지 않으니 더 빨리 더 많은 일을 할 수 있지만, 비대면 환경에서는 동료들과 함께 일할 때 생기는 뜻밖의 즐거움을 얻기 어렵다. 좋은 업무 환경이란 주변 사람들이 나에게 도전 의지를 북돋워주고 더 잘할 수 있도록 영감을 주는 환경이다.

### 당신이 이 책을 읽어야 하는 이유

원격근무가 가장 좋은 방식이고 사무실은 시대에 뒤떨어진 것이라는 주장을 하려고 이 책을 쓴 건 아니다. 이 책의 목적은 비대면(가상) 환경에서 어떻게 하면 인간관계를 계속 유지하고 효과적으로 협업하며 발표를 잘할 수 있는지, 그리고 어떻게 하면 같은 공간에 모이지 않고도 업무를 순조롭게 처리할 수 있는지를 알려주려는 것이다.

나는 코로나19 팬데믹으로 크게 달라진 세상을 맞이해 이 책을 썼다. 앞으로 직원들에게 집에 머물러라, 사무실에 오지 마라, 통근하지 마라, 하지만 멀리서도 더 많은 업무를 처리해달라, 이런 식의 요청을 하는 회사가 점차 늘어날 것이다. 그리고 미래의 비즈니스에서는 이런 요구에 대처할 수 있는 유연성이 더욱 필요하다. 이 책을 통해 새로워진 오늘날의 업무 방식에 대비하는 방법과 습관을 배울 수 있을 것이다.

→ 업무 방해 요인을 피하는 법, 주변 상황에 영향을 받지 않고 업무 생산성을 높이는 법

→ 더 빠르고 쉽게 일할 수 있는 적절한 기술 도구를 선택하기

→ 자신의 업무 방식을 파악하여 몰입적 업무 시간과 피상적 업무 시간을 구분하기

→ 원격근무 중에 자주 찾아오는 외로움과 고립감을 이겨내는 법

→ 비대면 회의, 웨비나, 온라인 교육에서 인상적인 프레젠테이션을 수행하는 법

→ 만난 적 없는 사람이나 원격근무 중인 동료와 협업하기

→ 감성 지능을 바탕으로 비대면 환경에서 생기는 갈등에 대처하고 갈등을 예방하기

→ 효과적으로 비대면 팀을 이끄는 법과 책임감을 증진하는 법

→ 비대면 업무 시대에 대비하여 유연한 대처 능력 키우기

일러두기

▶ 중요한 용어는 하이라이트 처리했습니다.

▶ 인용문의 출처는 후주로, 용어 설명은 각주로 달았으며, 옮긴이 주일 경우 '옮긴이'로 표시했습니다.

○ ○ ○　　→

원격근무를 할 때 생기는 온갖 방해물을 물리치고 업무 생
산성을 높이고 싶다면, 성공적인 비대면 협업이나 훌륭한
비대면 프레젠테이션을 수행하고 싶다면, 원격근무 팀의 리
더라면, 이제 이 책의 안내를 따라 한 걸음씩 나아가보자.

1부

# 원격근무

Working Remotely

📍 1장

**원격근무 입문**

사업관리 플랫폼 베이스캠프Basecamp의 창립자들은 오늘날의 사무실을 "방해 공장interruption factory"이라고 표현하면서 "분주한 사무실은 마치 푸드 프로세서처럼 우리의 하루를 잘게 조각내버린다."[1]라고 언급했다.

또 인기 시트콤 〈오피스The Office〉에서는 현대사회의 사무실을 시간 낭비하는 직원들과 무의미한 회의가 넘쳐나는 고루한 공간으로 그려냈다.

과거에는 직장 생활의 표준으로 여겨지던 사무실이 이제는 점차 선택의 문제가 되고 있다. 긱 경제gig economy *에 합류하거나 사무실이 아닌 다른 장소에서 일하기를 선택하는 사람이 점점 많아지는 것이다.


## 원격근무가 증가하는 3가지 원인

한 설문 조사에 따르면 전 세계 직장인의 절반 이상이 일주일에 한 번 이상 재택근무를 하고, 18퍼센트는 모든 업무를 원격으로 처리한다.[2] 이런 조사 결과만 보아도 원격근무가 요즈음의 추세

---

* 기업이 정규직 대신 계약직이나 임시직으로 사람을 고용하는 경향이 커지는 경제 상황을 말한다.

라는 것을 쉽게 알 수 있다. 그러나 우리가 흔히 볼 수 있는 원격 근무자의 직업을 보면 보통 웹 디자인이나 원격 컨설팅처럼 등장한 지 30년이 넘지 않는 직종에 국한된 듯하다.

**정말 그럴까? 사실 원격근무는 수백 년 전부터 존재했다.**

중세 시대에는 기능공 대부분이 집에서 일했다. 뉴욕에 있는 1900년대 초기 아파트에서도 재택근무의 흔적을 발견할 수 있다. 한편, 나사NASA 엔지니어 잭 닐스는 1972년에 텔레커뮤팅 telecommuting*이라는 용어를 처음으로 사용했다. 근 50년 전의 일이다.[3]

이처럼 오랜 원격근무 역사에 다음 3가지 요인이 더해지면서 사람들은 언제 어디서나 일할 수 있는 능력을 갖추게 되었다.

1. **편리한 통신수단**: 통신수단과 인터넷의 발달 덕분에 직접 만나지 않아도 실시간 의사소통 및 공동 업무가 가능해졌다.
2. **정보 관련 업무의 증가**: 정보가 곧 상품이 되는 시대가 되면서 사람들이 하는 일의 성질도 바뀌었다. 정보와 콘텐츠 관련 업무에 종사하는 사람들이 과거 그 어느 때보다도 더 많아

---

* 사무실 밖에서 근무하는 것을 가리키는 최초의 표현으로 출퇴근할 필요 없이 집에서 일한다는 의미이다. 재택근무나 원격근무와 같은 뜻으로 흔히 사용된다.

졌다.

3. **업무 상황의 변화**: 코로나19 팬데믹은 원격근무자 증가에 뚜렷한 영향을 미쳤다. 하지만 코로나19 팬데믹 이전에도 세계화와 팀제 확산으로 원격근무는 꾸준히 증가하는 상황이었다.

핵심은 사무실의 전통적인 영역 밖에서 처리되는 업무가 점점 늘어나고 있으며 이런 추세는 수그러들 기미가 보이지 않는다는 점이다.

## 사람들이 원격근무를 선호하는 이유

인터넷에서 원격근무에 대해 검색하거나 관련 서적을 살펴보면 한 가지 견해가 지배적이라는 사실을 알 수 있다. 바로 원격근무를 더 선호한다는 것이다.

원격근무 옹호자들은 원격근무를 선호하는 이유로 대개 다음 3가지를 든다.

### 이유 1: 유연성

유연성은 특히 젊은 세대에 큰 영향을 주는 요소이다. 한 연구에서는 1980~2000년대 초에 출생한 밀레니얼 세대의 69퍼센트가 업무 공간을 자유롭게 선택할 수 있다면 직업과 관련한 다른 이점을 포기할 의향이 있다고 답했다. 또 다른 연구에서는 원격근무를 허용한 회사의 이직률이 25퍼센트 감소한 것으로 나타났다.[4] 사람들은 자신이 통제할 수 있는 장소에서 일할 때 행복도가 높고 회사에 충실해진다는 말이다.

### 이유 2: 방해물 감소

사무실에서 일한 경험이 있는 사람이라면 누구나 알 것이다. 사무실이라는 공간이 방해물의 온상이라는 사실을 말이다. 수시로 사람들이 찾아와 말을 걸고 회의도 쓸데없이 많으며 아무것도 하지 못한 채로 그저 지루하게 흘려보내는 시간도 허다하다. 원격근무를 하게 된다면 이런 방해물이 상당 부분 사라질 것이다.

### 이유 3: 생활방식 향상

스웨덴에서는 충격적인 연구 결과가 나왔다. 통근 시간이 45분 이상 걸리는 부부는 이혼 위험이 40퍼센트 더 높다는 것이다.[5] 물론 이것은 극단적인 통계자료일 수 있다. 하지만 원격근무를 선호하는 사람들은 대개 사무실을 벗어나서 얻는 중요한 이점으로 자기가 좋아하는 장소에서 통근 없이 살 수 있게 되었다는 점을 꼽는다.


## 회사가 원격근무자를 선호하는 이유

원격근무를 회사가 직원에게 마지못해 주는 혜택이라고 생각하기 쉽지만, 사실 회사도 직원의 원격근무를 선호할 만한 이유가 있다.

1. **낮은 비용**: 연구 기반 컨설팅 회사인 세계인력분석Global Workforce Analytics이 발표한 연구 결과에 따르면 원격근무자 1인 당 평균 1만 달러의 부동산 비용이 절감된다. 이 연구에서는 IBM사가 원격근무를 시행하여 부동산 비용을 5,000만 달러 이상 절감했다는 사실도 드러났다.[6] 사무용품, 업무 보조 직원 고용, 직원 복리후생에 드는 비용과 기타 고정 비용의 감소까지 고려하면 실제 절감 비용은 더 늘어날 것이다.

2. **생산성 향상**: 테드엑스TEDx 강연에서 스탠퍼드 대학교의 니컬러스 블룸 교수가 2년간 수행한 흥미로운 연구가 윤곽을 드러

냈다. 그는 상하이에 본사를 둔 대기업에서 재택근무의 이점을 연구했다. 그의 연구에서 재택근무를 한 직원은 사무실에서 근무한 직원과 비교했을 때 생산성이 크게 향상되었다.[7] 이 밖에도 비슷한 결과를 얻은 회사가 많다.

3. **충실한 태도**: 맡은 일에서 더 많은 통제권을 가질수록 더욱 충실한 태도로 업무에 임한다는 사실을 보여주는 사례가 많다.[8] 그에 따라 이직률도 낮아지므로 장기적으로 볼 때 기업은 더 좋은 결과를 얻을 수 있다.

## 원격근무와 재택근무의 차이

재택근무는 보통 꼭 필요한 경우에, 혹은 그때그때의 편의를 위해 일시적으로 하는 경우가 많다. 반면 원격근무는 일관성 있게 사무실 밖에서 일하는 것이다.

재택근무를 하는 사람은 사무실 밖에서 하기 좋은 업무를 우선 처리하려고 할 것이다. 아무도 방해하지 않는 귀중한 시간을 얻었기 때문이다. 가령 일주일에 1회 집에서 일한다면 그런 날은 어떤 형태의 회의도 하고 싶지 않을 것이다. 회의는 사무실에 가서도 할 수 있기 때문이다.

반면 원격근무를 하는 사람은 좀 더 규칙적인 일과를 짜고 싶을 것이다. 앞으로 혼합근무 °가 확대되어 원격근무가 늘면 그런 경향은 더 강화될 것이다.

재택근무를 하든 원격근무를 하든, 우리는 하버드 경영대학원 교수 체달 닐리의 이 말을 주목할 필요가 있다. "사실 원격근무는 학습이 필요한 기술입니다. 그냥 한다고 해서 잘되는 것이 아니지요. 그래서 원격근무를 하려는 사람들에게 잘할 수 있는 방법을 가르쳐주고 자료도 제공해주면서 도와야 합니다."[9]

## 원격근무의 7가지 문제

| 원격근무의 7가지 문제 | 1. 집중을 방해하는 요소 |
| | 2. 고립감과 외로움 |
| | 3. 의사소통과 협업 |
| | 4. 일과 생활의 경계 |
| | 5. 회의 |
| | 6. 기술 장비 |
| | 7. 존재감 |

---

● 　사무실 근무와 원격근무를 혼합하여 일하는 것이다.

캘리포니아 대학교 로스앤젤레스 캠퍼스의 앨버트 메라비언 교수는 50년 전에 《침묵의 메시지Silent Messages》라는 저서를 발표했다. 그는 그 책에서 모든 의사소통의 93퍼센트가 말을 사용하지 않고 이루어진다고 밝혔다.[10] 만약 그 말이 사실이라면 원격근무에는 각종 어려움이 있을 수밖에 없다.

원격근무자가 겪는 어려움은 단지 소통의 문제만이 아니다. 좋든 나쁘든, 인터넷에서는 원격근무의 문제점에 대한 논의가 계속되고 있다. 과연 어떤 문제인지 있는 그대로 살펴보자.

### 문제 1: 집중을 방해하는 요소

스스로 집중력이 좋다고 생각하든 아니든 집을 포함한 사무실 밖의 공간에는 집중을 방해하는 요소가 산재해 있다. 순간순간 튀어나오는 방해물(벨 소리나 개 짖는 소리)도 있지만, 원격근무자가 스스로 만들어내는 방해물(좋아하는 TV 프로그램을 한 편 더 보고 싶거나 계속 군것질을 하고 싶은 마음)도 있다.

**"재택근무 최대의 적 3가지는 냉장고, 침대, 텔레비전이다."[11]**

⋯ 방해물을 물리치는 법을 자세히 알고 싶으면 2장의 '방해물을 물리치고 집중하는 법'을 살펴보라.

## 문제 2: 고립감과 외로움

사람이 사람과의 관계를 원하는 것은 자연스러운 일이다. 그래서 원격근무를 처음 시작한 사람은 가장 힘든 점으로 고립감과 외로움을 꼽는 경우가 많다. 우선, 고립감과 외로움은 상이한 2가지의 문제일 수도 있다는 점을 기억해야 한다.

고립감은 동료와 떨어져서 정보를 들을 수 없는 상황에서 업무를 처리하면서 느끼는 단절된 기분이다. 반면 외로움은 감정의 상태를 나타내는 것으로 사무실에 출근하는 사람이나 원격근무하는 사람 모두에게 생길 수 있다.

주변에 말할 동료 하나 없이 일하면 외롭기도 하고, 고립감 때문에 우울한 감정이 생기기도 하며, 다른 모든 사람과 단절된 기분이 들기도 한다. 이것은 주기적으로 가상 회의를 하거나 가끔 사무실에 들러 동료를 만나는 사람도 흔하고 자연스럽게 느끼는 감정이다.

⋯ 고립감에 대처하는 법이 궁금하다면 2장의 '고립감과 외로움을 이겨내는 법'을 살펴보라.


## 문제 3: 의사소통과 협업

우리는 대부분 다른 사람과 얼굴을 보지 않고 협업하는 일에 익숙하지 않다. 그런 연습을 해본 적도 거의 없다. 게다가 오늘날에는 화상 회의, 메신저, 이메일 등 의사소통할 방법이 넘쳐나서 오히려 문제이다. 언제, 어떤 방법을 사용해야 하는지를 알기가 어렵다.

수많은 통신수단이 있는데도 오히려 단절감이 커지는 정말 아이러니한 상황이다.

⋯⇢ 의사소통 능력을 키우는 방법이 궁금하다면 9장을 살펴보라.

## 문제 4: 일과 생활의 경계

원격근무를 할 때 정말 위험한 것 중 하나가 과로이다. 아침에 출근해서 하루 8시간 근무하는 고정된 일정을 따르지 않기 때문에 자기도 모르게 사무실에서 일할 때보다 더 오랫동안 근무하는 경우가 흔히 발생한다.

특히 근무자의 작업 시간대가 상이한 국제 팀 업무를 하는 경우에는 일반적인 근무시간이 아닐 때 일하기 때문에 초과근무를 하기 쉽다.

⋯⇢ 일과 생활의 경계를 정하는 방법에 대해 더 알고 싶다면 2장의 '원격근무와 생활의 균형을 이루는 3가지 방법'을 살펴보라.

아침 9시부터 오후 5시까지 일하기로 되어 있다면 아침 9시부터 오후 5시까지 일하세요. 사무실에서 휴식하는 시간에 똑같이 쉬어야 합니다. 점심시간도 똑같이 지키세요(점심시간을 지키는 일은 정말 중요합니다)! 근무시간을 엄격하게 지켜야 생산성이 높아집니다. 정말이에요.[12]

⋯⋙ 셸리 파머, 광고·영업·기술 분야 컨설턴트이자 비즈니스 고문

## 문제5: 회의

비대면 회의는 사람들이 직접 모여서 하는 회의와 크게 다르다. 실제로 비대면 회의 때문에 협업이 더 어려워지기도 한다. 직원 대부분은 비대면 회의를 주관하는 교육을 받은 적이 없다. 게다가 비대면 회의는 제대로 이루어지지 못하면 오히려 참여한 사람 모두에게 불만의 근원이 될 수 있다.

⋯⋙ 비대면 회의를 주관하거나 참여하는 방법을 알고 싶다면 2부를 살펴보라.

## 문제 6: 기술 장비

집에서 일할 수 있게 해주는 기술이 오히려 집에서 효과적으로 일하는 것을 방해할 수도 있다. 기술 장비가 작동하지 않을 때도 있고, 제대로 설치되지 않아 업무를 수행하지 못할 때도 있다.

··· 업무를 잘 처리할 수 있도록 기술 장비를 설치하는 방법을 자세히 알고 싶으면 3장을 살펴보라.

### 문제 7: 존재감

이 책의 서론에서, 조직 안에서 보이지 않는 존재가 된 기분 탓에 힘들었던 내 경험을 이야기하면서 지적했던 문제이다. 사무실에 출근하지 않으면 우리는 방치되거나 해고당하지 않기 위해, 혹은 잊히지 않기 위해 배는 더 열심히 일해야 한다.

··· 자신의 존재를 알리는 방법에 대해서는 4장을 살펴보라.

→ 원격근무는 최근에 나타난 현상이 아니다. 인류는 수백
  년 전부터 원격근무를 해왔다.

→ 연구 결과를 살펴보면, 기업 경영자들이 흔히 생각하는
  바와 달리 사무실에 매일 출근하는 직원보다 원격근무자
  의 생산성이 더 높은 경우가 많다.

→ 원격근무를 하려면 7가지 문제를 극복해야 한다. 집중을
  방해하는 요소, 고립감과 외로움, 의사소통과 협업, 일과
  생활의 경계, 회의, 기술 장비, 존재감이다.

2장

**원격근무자의
생활방식**

니컬러스 블룸 교수의 연구에서 내가 아직 언급하지 않은 결론이 있다. 블룸 교수는 중국 대기업 직원을 무작위로 재택근무 집단과 사무실 근무 집단으로 나누었다. 양 집단 간 생산성 차이를 9개월 간 조사한 뒤, 그 회사는 전 직원에게 업무 형태에 대한 선택권을 주기로 했다.

그러자 재택근무를 했던 직원의 상당수가 거의 즉각적으로 다시 사무실에서 근무하기를 원했다. 그와 동시에 사무실에서 근무하던 직원 중 일부가 원격근무를 선택했다.

모든 직원이 근무 형태를 선택할 수 있도록 한 이후에 그 회사의 총 생산성은 더 크게 증가했다. 이로써 알 수 있는 것은, 스스로 원한 것이 아니라면 재택근무를 한다는 이유로 생산성이 반드시 더 높아지지는 않는다는 사실이다.

## 업무 수행량이 많은 원격근무자의 5가지 습관

남들보다 원격근무에 더 적합한 사람이 있을까? 왠지 스스로 계획하여 일을 처리하는 성격이거나 내성적인 사람이 그럴 것 같은 생각이 든다. 그래서 사람들은 그런 성격을 가진 사람들에게 원격근무가 잘 맞을 거라고 짐작하기도 한다.

하지만 나는 10년 이상 동료들과 원격으로 혹은 직접 만나서 일하면서 그 생각이 틀렸다는 것을 깨달았다.

| 업무 수행량이 많은<br>원격근무자의 5가지 습관 | 1. 과감하게 경계 설정하기<br>2. 온전히 집중하기<br>3. 창의적 탄력성 갖기<br>4. 공감하기<br>5. 의식적으로 명료하게 이야기하기 |
| --- | --- |

## 습관 1: 과감하게 경계 설정하기

출퇴근에 걸리는 시간이 3분이라면 하루 중 아무 때나, 원하는 시간에 일하러 가고 싶어진다. 유연성은 원격근무의 큰 이점이다. 하지만 그것은 오히려 단점이 될 수도 있다. 우리가 모든 면에서 분별력을 유지하려면 일과 사생활 사이에서 적절한 경계를 설정해야 한다. 하루에 더 많은 업무를 수행하려면 과감하게 경계를 설정하고 반드시 지켜야 한다.

··· 과감한 경계 설정에 대한 조언을 얻으려면 3장을 읽어보라.

## 습관 2: 온전히 집중하기

일을 하다 보면 으레 방해물이 나타나게 마련이다. 하지만 집에서 일해보면 훨씬 더 많은 유혹과 피할 수 없는 방해물이 있음을 알게 될 것이다. 항상 치워야 할 그릇이 있고, 옆에는 잠시 편안하게 누워서 쉴 수 있는 장소가 있다. 집에서 일하든지 다른 장소에서 원격으로 업무를 처리하든지, 원격근무를 하는 동안 집중하는 능력은 원격근무자가 배우고 연습해야 할 필수 기술이다.

⋯ 온전히 집중하는 능력을 키우기 위한 조언을 받고 싶다면 이번 장의 마지막 항목을 살펴보라.


## 습관 3: 창의적 탄력성 갖기

제약이 많지 않은 환경에서 혼자 일하려면 반드시 자발적인 사람이 되어야 한다. 원격근무에 잘 적응하는 사람은 남보다 준비가 철저하고 기업가적인 면모를 지녔으며 의욕적이다. 최고의 원격근무자는 현재 상황에 만족하지 않는 사람이다. 그런 사람은 현재 상태에 안주하지 않으며 필요하다면 귀찮은 일도 마다하지 않는다.

무엇보다도, 그들은 일하는 장소부터 업무의 성격까지 업무와 관련된 모든 상황이 빠르게 바뀔 수 있다는 사실을 알고 있다. 그 결과 미래에 더 유연하게 대처하여 잘 적응한다.

⋯ 창의적 탄력성을 갖기 위한 조언을 얻고 싶다면 11장을 읽어보라.

## 습관 4: 공감하기

공감은 다른 사람의 감정을 이해하고 인정하는 능력이다. 가상 공간에서 다른 사람의 상황에 공감하려면 창의성과 관찰력이 결합해야 한다.

**사람을 이해할 줄 아는 사람은 언제나 성공한다.**

이 말은 내가 기조연설을 할 때 자주 하는 말이다. 상대의 사고 방식을 잘 이해할수록 상대를 더 잘 설득할 수 있고, 팀 동료, 지도자 혹은 서비스 제공자로서도 더욱 가치 있는 사람이 될 수 있다.

⋯ 비대면 환경에서 공감하는 것에 대해 더 알고 싶다면 10장을 읽어보라.


## 습관 5: 의식적으로 명료하게 이야기하기

가장 효과적으로 의사소통을 하려면 내가 대학교 비교문학 수업 시간에 했던 것과 정반대로 하면 된다. 나는 이 사실을 깨닫는 데 너무 긴 시간이 걸렸다. 비교문학 수업에서는 내가 생각해낼 수 있는 최고의 과장된 표현을 사용해서 문장 하나하나에 예술성을 부여하려고 애썼다. 하지만 업무를 처리할 때 사람들은 대부분 그런 말을 싫어한다. 명료하게 이야기하라. 사람들이 쉽게 이해할 수 있도록 직설적으로 설명하는 능력을 갖추라.

⋯ 의식적으로 명료하게 이야기하는 법에 대해서는 9장을 읽어보라.

# 효율적인 일정 관리

원격근무를 하면 하루 계획을 어떻게 세워야 할까? 미리 회의가 예정된 경우처럼 선택권이 없는 시간대도 있다. 하지만 그런 시간을 제외하고 남은 하루에 대해서 최적의 일정표를 만드는 방법이 있다. 여기에 누구나 따라 할 수 있는 몇 가지 비법을 소개한다.

## 비법 1: 싫어하는 일을 일정표에 적는다

사람들은 보통 하기 싫은 일을 목록의 맨 밑으로 밀어놓는다. 마감일이 다 되어서야 세금 신고를 하는 사람이 많은 것도 이 때문이다. 하지만 하기 싫은 일을 일정표에 적어놓으면 제때 하게 될 것이다.

## 비법 2: 오프라인 상태로 하루를 시작한다

그날 가장 먼저 하기로 한 일이 무엇인지에 따라 하루 전체에 대한 마음가짐이 달라진다. 우선 휴대전화를 안 보이는 곳으로 치운다(아니면 자기 전 휴대전화를 침대 옆 스탠드가 아닌 다른 장소에 놓고 충전한다!). 그 대신 아침마다 일정한 의식을 정해놓고 자리를 잡고 앉아 그 의식을 치르면서 하루를 준비한다.

하루를 시작하는 첫 시간에 꼭 읽어야 하는 뉴스는 거의 없습니다. 아침에 눈 뜨자마자 휴대전화나 노트북으로 손을 뻗으면 그 즉시 근심과 혼란이 우리의 삶으로 들어옵니다. 그와 동시에 창의적 잠재력이 넘치는 순간을 그냥 흘려보내는 것이지요.[13]

⋯ 오스틴 클레온, 베스트셀러 《훔쳐라, 아티스트처럼》(중앙북스, 2020)의 작가

## 비법 3: 자신의 '죽은 시간'을 알아낸다

나는 오후에는 글을 쓸 수가 없다. 오후 3시부터 6시까지는 모니터만 응시할 뿐 일이 진척되지 않는다. 그래서 억지로 노력하지 않기로 했다. 이제 그 시간대에는 필요한 전화 통화를 하거나 아이들의 축구 연습을 도와준다. 받은 이메일에 답장을 쓰기도 한다. 중요한 것은 이제 그 오후는 나에게 생산적인 시간이 되었다는 점이다. 내가 어떤 일을 하지 않기로 한 이유는 내가 의도했기 때문이다.

## 비법 4: 여러 개의 회의 일정을 묶어본다

회의는 업무 흐름을 끊는 방해물로 악명이 높다. 그렇다면 차라리 하루 날을 잡아 여러 개의 회의를 하면 어떨까? 그렇게 하면 모든 회의에 참여하기도 쉬울 뿐 아니라 각각의 회의를 제시간에

마쳐야 할 이유가 생긴다. 다음 회의가 있으니 정해진 시간에 회의를 마칠 수밖에 없다.

> **살펴보기** 테마 데이
>
> 나는 보통 매일매일 주제를 정해두고 있습니다. 어떤 날은 임원진을 관리하고 지원하는 데 집중합니다. 또 어떤 날은 제품과 관련된 일을 하면서 전략 및 공정의 개선에 대한 자료를 모읍니다. 목표 달성을 위해 고객 조사나 제품 분석에 매달리기도 합니다. 나는 매주 수요일마다 '수요 심층 업무'를 하는데, 그날은 회의를 거의 잡지 않습니다. 그 대신 빈 시간에 책을 읽거나 한 차원 높은 목표와 그에 대한 전략을 고민합니다.[14]
>
> ⋯⋅ 조엘 개스코인, 소셜 미디어 관리 플랫폼 버퍼Buffer의 설립자

### 비법 5: 업무를 위한 시간을 미리 할애해둔다

한때 나의 일정표는 회의 약속으로 가득 차 있어서 다른 어떤 일도 할 수 없었다. 그래서 나는 글쓰기와 다른 업무를 할 수 있는 시간을 할애하기 시작했다. 정확히 말하면 나는 아무 일정도 없는 시간을 미리 정해놓았다. 그때 내가 무엇을 할지를 항상 알고 있지는 않았기 때문이다.

물론 일정표에 다른 어떤 일정도 치고 들어올 수 없는 빈 시간을 할애하는 것은 꽤 힘든 일이다. 특히 다른 사람에게 사전 허락

없이 회의 일정을 대신 잡을 수 있게 했다면 더욱 그렇다.

### 비법 6: 근무시간을 정한다

매일 일할 시간을 정해놓으면 이점이 많다. 삶의 동기 부여에
도 도움이 되고 동료에게 자신이 일하는 시간을 이야기해줄 수도
있다. 가족이나 함께 사는 사람들도 당신을 방해하면 안 되는 시
간을 알게 된다. 그러면 하루 동안 방해받는 시간을 최소화할 수
있다.

---

**살펴보기** 주의력 결핍 과잉 행동 장애(ADHD)를 가지고 일하기

나는 재택근무에 정답은 없다고 생각합니다. ADHD가 있는 사람
으로서, 나는 각양각색의 사람에게서 각종 방식으로 배우는 것을
좋아합니다.

재택근무를 하면 게을러질 것이라고 여기는 사람이 많습니다. 하지
만 오히려 과도한 업무로 지쳐버리기 쉽습니다. 재택근무는 단순히
근무 장소만 바꾸면 되는 일이 아니며 생활에 대한 사고방식의 전
환이 필요합니다.[15]

⋯▸ 브라이언 판조, 디지털 퓨처리스트˚이자 아이소셜판즈 iSocialFanz의 설립자

---

• 퓨처리스트는 사회흐름을 분석해 향후 유행을 예측하는 사람을 말한다.

## 방해물을 물리치고 집중하는 법

나는 지금도 원격으로 업무를 처리하면서 수많은 방해물과 싸우고 있으며 걸핏하면 그 싸움에서 패배한다. 하지만 나는 내가 그 싸움에서 지는 이유를 알고 있다. 여기서는 집중력을 유지하는 데 도움이 되었던 기술을 몇 가지 소개하려고 한다. 이런 기술은 심지어 방해물이 끊임없이 쏟아져 나와 내 집중력을 방해하려고 할 때도 효과가 있었다.

### 비법 1: '5초의 법칙'을 사용한다

내 친구 멜 로빈스는 자신이 만든 '5초의 법칙'에 관한 책을 썼다. 그 법칙이란 이런 것이다. "자신의 목표에 도움이 될 만한 것이 생각났다면 반드시 5초 이내에 행동으로 옮겨야 한다. 그렇지 않으면 우리 뇌가 그 생각을 없애버릴 것이다." 뇌가 새로 떠오른 생각을 없애버리지 못하게 하는 방법은 간단하다. "해야 한다는 것을 잘 알면서도 꾸물거리고 있다면 카운트다운을 시작한다. '5, 4, 3, 2, 1, 시작!'을 외치고 행동으로 옮긴다."[16]

이 법칙은 방해물을 피할 때도 상당히 효과적이다. 일이 도무지 머리에 들어오지 않는다고 느낄 때는 정신을 가다듬고 다시 집중하기 위해 멜의 법칙을 활용해본다.

## 비법 2: 백색 소음을 틀어놓는다

나는 글을 쓰거나 집중해야 할 때 잔잔한 소음이 있는 편을 더 좋아한다. 알고 보니 나만 그렇지는 않았다. 주위에 백색 소음이 깔려 있을 때 집중력이 더 높아지는 사람이 있다. 백색 소음은 탑승 안내방송이나 개 짖는 소리처럼 방해는 되지만 우리가 어쩌지 못하는 소음을 들리지 않게 해주는 효과도 있다.

주변 환경이 '너무' 조용할 때가 있다.

---

🔎 **살펴보기** 뇌의 휴식

상당히 긴 시간 동안 원격으로 업무를 처리하려면 당신의 물리적 환경이 더욱 중요해집니다. 일하는 공간에 다중감각적 요소(미니분수, 양초, 벽에 걸린 예술 작품, 좋아하는 책이나 물건, 반짝거리게 닦은 돌)를 더해보세요.

키보드에서 손을 놓고 잠시 쉴 때 주의를 돌려 촛불을 가만히 들여다보세요. 아니면 눈을 감고 분수에서 나는 물소리를 들어보세요. 책상 위에 매끈한 돌멩이를 올려두었다가 가끔 집어 들고 그 무게감과 질감을 손으로 느껴보아도 좋아요. 이런 행동을 통해서 뇌에만 집중하던 우리 몸이 다른 부분으로 초점을 옮겨 계속 모니터만 들여다보느라 피곤해진 머리가 맑아진답니다.[17]

⋯› 패멀라 슬림, 《칸막이 탈출 Escape from Cubicle Nation》의 저자

---

**비법 3: 마찰력을 높인다**

소셜 미디어가 집중을 방해하는 이유 중 하나는 주의력이 떨어질 때마다 소셜 미디어의 새 게시물을 확인하기가 너무 쉽기 때문이다. 의지력을 발휘해 참을 수도 있지만 애초에 자신의 소셜 미디어를 확인하기 어렵게 설정해둘 수도 있다. 다음은 내가 일하는 도중 최대한 소셜 미디어에 주의를 빼앗기지 않으려고 썼던 비법이다.

→ 알림 기능을 모두 끈다.

→ 휴대전화에서 소셜 미디어 앱을 제거한다. 아니면 폴더 안에 넣어서 접근하기 어렵게 한다.

→ 로그아웃 타이머를 설정해서 이용할 때마다 새로 로그인을 하도록 한다.

→ 인기 있는 소셜 미디어를 기능이 제한된 '라이트' 버전으로 설치한다. 이런 앱은 실망스러울 만큼 느리고, 세련되지 못해서 결국 사용시간이 줄어든다.

→ 스크린 타임을 관리해주는 프로그램을 사용하여 미리 설정해놓은 제한 시간을 모두 사용하면 앱이 잠기도록 한다.

→ 인터넷을 끈다. 믿기 어렵겠지만 모든 컴퓨터는 오프라인 작업이 가능하다. 하지만 그 기능을 사용해본 적은 거의 없

을 것이다!

→ 배송 직원이 벨을 누르지 않고 물건을 문밖에 두고 가도록
이 내용을 메모에 써서 문에 붙여놓는다.

## 비법 4: 하루 업무 배치를 조정한다

다니엘 핑크는 저서 《언제 할 것인가》(알키, 2018)에서 생산성
을 높이려면 가장 중요하고 고도의 집중이 필요한 업무를 집중력
이 좋은 아침 시간에 배치해야 한다고 말한다.

이메일이나 소셜 미디어를 확인하면서 하루를 시작
하는 것은 좋은 방법이 아니다.

하루의 맨 처음 일과를 긴급한 이메일에 회신하는 것 대신 그
날 해야 할 일을 계획하는 것으로 바꿔본다.

집중 전문가이자 연설가인 닌 제임스는 이렇게 제안한다. "전
략적으로, 자기 자신과 약속하는 시간을 매일 15분씩 갖도록 하
세요. 그날 꼭 해야 하는 일 3가지를 정해서 쪽지에 적어놓고 일
정을 잡을 때 그것을 필터처럼 사용하는 것입니다."[18]

## 비법 5: 시간 없는 사람이 되어본다

문자 메시지, 이메일, 소셜 미디어에 실시간으로 댓글을 쓰고
싶을 것이다. 하지만 그렇게 하면 친구, 가족, 동료에게 항상 그

렇게 하는 사람이라는 기대를 심어주게 되고, 결국 기꺼이 방해받을 기회를 열어놓게 된다. 그 대신 소셜 미디어에 자동 회신을 설정해서 '부재중' 메시지를 띄우고, 연락할 수 있는 다른 수단을 안내하는 것이 필요하다.

예컨대 나는 페이스북 메신저를 사용하지 않는다. 그래서 내 페이스북 페이지로 메시지를 보내는 사람들은 이런 회신을 받게 된다.

감사합니다. 이 메시지는 자동 회신 메시지이며 이 방법으로는 저와 연락하기 어려울 수 있습니다. www.rohitbhargava.com 사이트에 있는 양식이나 이메일을 이용해주세요.

## 고립감과 외로움을 이겨내는 법

원격근무를 하면서도 고립감과 외로움을 잘 이겨내고 업무에 집중하며 마음의 안정을 찾는 동시에 다른 사람과 소통할 수 있는 좋은 방법이 있다.

## 방법 1: 고립감을 느끼는 순간을 점검한다

워싱턴 사무실에서 근무할 때의 일이다. 나는 동료의 생일 파티를 알리는 사내 메일을 받곤 했는데 어느 날부터 더는 생일 파티 메일이 오지 않았다. 오늘날 직장에서는 이처럼 원격근무자가 의도치 않게 팀에서 배제되는 일이 허다하다. 하지만 왜 그런 일이 발생하는지를 생각해보면 이를 예방할 수 있다.

그 당시에 나는 배제될 때 느끼는 소외감을 누구에게도 이야기하지 않았다. 다른 사람도 나에게 먼저 묻지 않았다. 지금은 그때의 일을 계기로 회사 책임자들과 소통하려고 애쓴다. 사소한 문제일지라도 책임자에게 물어보고 확인해야 할 때가 있다. 그래야 당신도 문제를 바로잡기 위해 무언가를 할 수 있다.

## 방법 2: 사람들과 개인적으로 연락한다

일부 사람의 생각과 달리 소셜 미디어에서 인간관계를 유지하느라 과도하게 시간을 보내는 것은 오히려 스스로를 더 외롭게 만드는 지름길이다.

그 대신 다른 사람에게 개인적으로 연락해보길 권한다. 소셜 미디어에서는 완벽한 삶을 누리는 것처럼 보이지만 당신처럼 실제 인간관계에 목마른 사람이 얼마나 많은지 알면 깜짝 놀랄 것이다.

> **살펴보기** 위안을 얻는 것에 대하여
>
> 개인적 고민, 걱정거리, 결정에 대한 불안감과 자신의 기분에 관해 이야기할 수 있는 (가족 이외의) 사람을 1명 이상 찾아봅니다. 일단 1명을 찾았다면 이제 당신의 팀원도 그런 사람을 찾아보게 합니다. 당신의 팀원에게는 고민을 털어놓을 만한 사람이 있을까요?
>
> 그 사람이 꼭 '멘토'일 필요는 없습니다. 어떤 사람이든 괜찮습니다. 그러니 누구라도 반드시 찾아내세요.[19]
>
> … **토드 카포니, 세일즈 리더이자 《투명성 판매The Transparency Sale》의 저자.**

### 방법 3: 기부와 나눔에 관심을 가져본다

잃는 것 말고 줄 수 있는 것에 초점을 맞추면 사고방식이 바뀐다. 당신의 전문 지식이나 시간이 높게 평가되는 자원봉사 모임을 찾아보라. 그런 활동을 하면 지역사회에 도움을 줄 뿐만 아니라 스스로를 긍정적으로 생각하게 되고 활동 중에 사람들과 친분도 쌓게 된다.

### 방법 4: 초대에 응한다

동료와 멀어진다고 느낄 때마다 어느 정도는 내가 자초한 일이라고 생각했다. 바쁘다는 이유로 초대받은 행사에도 참여하지 못했기 때문이다. 이런 실수를 하지 말고, 초대를 받으면 되도록 참석하는 것이 좋다.

### 방법 5: 멘토를 찾는다, 혹은 멘토가 된다

요즘 상당수 회사가 역멘토링 *과 같은 프로그램을 이용해서 원격근무자를 포함한 모든 직원이 결속력을 느끼도록 한다. 회사에 그런 프로그램이 있다면 참여해보라. 회사에 프로그램이 없다면 거주 지역에 유사한 프로그램을 운영하는 곳이 있는지 한번 찾아보라.

### 방법 6: 경험에 투자한다

자기계발서 대부분이 물질을 축적하는 것보다 경험을 쌓는 것이 행복의 지름길이라고 말한다. 다른 사람과 교감하거나 새롭고 특별한 일에 도전할 때 얼마를 투자하는지 생각해보라. 스카이다이빙을 하든 새로운 요리를 해보든 상관없다.

---

* 젊은 직원이 경영진과 짝이 되어 전략 및 문화와 관련된 각종 주제에 대한 지식을 전달하는 것이다.

# 원격근무의 질을 높이는 5가지 마음챙김 원칙

… 글: 《뻔하지 않은 안내서: 직장에서의 마음챙김The Non-Obvious Guide to Mindfulness at Work》의 저자, 파레시 샤와 엘리자 샤

마음챙김 명상이나 요가에 관해 이야기하면, 사람들은 땀에 젖은 스판덱스 옷을 입고 산 모양 자세를 취하거나 프레첼처럼 가부좌를 틀고 아침을 맞이하는 모습을 떠올리곤 한다. 하지만 마음챙김과 요가는 체력을 키우는 것 이상의 역할을 한다.

최고의 사업가, 운동선수, 예술가를 비롯해 뛰어난 학생과 기업가 등 수백만 명의 사람들이 이미 실감하고 있듯이, 마음챙김 수련을 하면 스트레스 해소는 물론이고 집중력을 높이면서 고객의 요구에 귀 기울여 훌륭한 해결책을 제시하는 능력을 키울 수 있다. 또 어려운 대화도 이끌 수 있고, 적은 시간과 노력을 들여서 원하는 바를 성취할 수 있는 등 강력한 이점을 발휘한다.

많은 원격근무자가 활용하는 마음챙김 수련의 가장 큰 이점은 이상한 사람 취급을 받거나 다른 동료를 방해하지 않고도 회의 전에 짧은 수련을 할 수 있으며, 그 덕분에 회의에서 더 좋은 모습을 보여줄 수 있다는 점이다.

"더 많이 일해야 한다"라는 조급한 사고방식에 반하는 마음챙김 수련은 눈에 보이지 않는 경쟁력이다. 우리는 마음챙김 리더

십을 수행하고 지도하면서, 처음에는 우스꽝스럽게 보였던 수행법이 보여주는 놀라운 결과물을 경험하고 있다.

간디는 이런 말을 했다.

"오늘은 해야 할 일이 너무 많아서 1시간이 아니라 2시간 동안 명상을 해야겠다."

업무 성과를 극적으로 높이기 위해 어디에서든지 1시간 가까이 명상을 하라고 주장하는 것은 아니다. 하지만 특별한 마음챙김 수련은 실제 비즈니스와 업무 처리뿐 아니라 인간관계와 건강에도 좋다.

원격근무를 하면서 더 많은 업무를 처리하는 데 도움이 될 만한 마음챙김 비법과 수행법을 살펴보면 다음과 같다.

### 비법 1: 척추를 곧게 펴기

원격근무의 생산성을 높이는 간단한 수행법은 자신의 자세에 집중하면서 똑바로 앉는(혹은 서는) 것이다. 그래야 사고력을 높일 수 있다. 척추를 구부린 채 앉으면 구부러진 호스로 정원에 물을 주는 것과 같다. 구부린 자세는 자기 안에 잠재된 능력을 깨워줄 신경의 연결을 둔화하거나 심지어 가로막을 수도 있다.

⋯ 이것은 업무 수행량이 많은 원격근무자의 5가지 습관 중 '습관 2: 온전히 집중하기'에 도움이 된다.

## 비법 2: 작은 축하 의식 치르기

업무나 회의, 가족과의 만남이 끝날 때마다 그 일을 잘 마쳤다는 의미로 몸과 마음을 위해 작은 축하 의식을 치른다. 웃으면서 손을 씻거나 강아지와 놀아주어도 좋다. 기타를 칠 수도 있고, 그 모습을 담은 서툰 동영상을 만들어볼 수도 있다.

작은 축하 의식은 그림을 그린 후 팔레트를 씻는 것과 같으며 새로운 시간과 공간으로 넘어가는 신호가 되기도 한다.

⋯→ 이것은 '습관 1: 과감하게 경계 설정하기'에 도움이 된다.


## 비법 3: 한쪽 콧구멍으로 숨 쉬기

부교감신경계를 이용하면 더 많은 에너지를 낼 수도 있고, 반대로 몸과 마음을 진정시킬 수도 있다. 다음과 같이 호흡해보자. 지루하거나 졸릴 때 에너지를 내려면 오른쪽 콧구멍으로 강하게 숨을 쉰다(요가의 양기陽氣 호흡법). 스트레스로 지친 몸과 마음을 진정하려면 왼쪽 콧구멍으로만 숨을 쉰다(요가의 음기陰氣 호흡법).

⋯→ 이것은 '습관 3: 창의적 탄력성 갖기'에 도움이 된다.


## 비법 4: 시작과 끝의 한마디

의뢰인에게 가상 회의 및 워크숍에 대한 업무 요청을 받아서 회의를 시작하고 마치면, 모든 팀원이 자기의 생각을 한 단어로 이야기하는 시간을 갖는다. 그리고 그 한마디 말에 대해서는 어떤 설명도 하지 않는다. 이 방법은 팀원끼리 서로 공감하고 서로의 입장을 인정하며 회의의 시작과 끝 모두에 주의 깊게 참여하도록 유도한다.

⋯ 이것은 '습관 4: 공감하기'에 도움이 된다.


## 비법 5: 적게 말하고 많이 웃기

애런 버가 알렉산더 해밀턴에게 말했듯이("적게 말하고 많이 웃으세요Talk less, smile more"),* 말하지 말아야 할 때가 있다는 점을 반드시 유념해야 한다. 원격근무자 중에는 해고될지도 모른다는 불안감 때문에 상사가 자신을 주목해주기를 바라면서 말이 많아지는 사람이 있다. 하지만 말을 많이 하는 대신 하고 싶은 이야기가 있어도 3회쯤 참고 그 생각이 '무르익을' 때까지 기다리는 편이 좋다. 당신이 팀에 도움이 되었다면 그것이 빛을 보는 날이 올 것이다. 그때가 되면 그 공로는 더욱 탄탄해질 것이고 당신의 존재도 알려질 것이다.

다른 사람의 말을 능동적인 태도로 듣고 말 없이도 존재감을

---

* 애런 버와 알렉산더 해밀턴은 18세기 미국의 정치가이다. "적게 말하고 많이 웃으세요"라는 말은 미국의 인기 뮤지컬 〈해밀턴〉에서 해밀턴을 처음 만난 애런 버가 해밀턴에게 충고하는 말이다. — 옮긴이

드러낸다면 그 사람은 반드시 눈에 띄게 되어 있다. 이제는 존재 자체로 돋보이는 것이 중요하다.*

⋯ 이것은 '습관 5: 의식적으로 명료하게 이야기하기'에 도움이 된다.

⋯ 파레시 샤 박사와 엘리자 샤 박사는 세계적 훈련 개발 회사인 리프터 리더십Lifter Leadership의 설립자로 가상 회의 지원 서비스를 통해 조직 구성원의 재능 계발, 신뢰성 향상은 물론이고 팀의 조화 및 혁신에 힘쓰고 있다.

## 원격근무와 생활의 균형을 이루는 3가지 방법

원격근무를 하면 일만 하다 하루가 끝나기 쉽다. 어떻게 하면 일과 생활 사이에서 적절한 균형점을 찾을 수 있을까? 도움이 될 만한 방법을 몇 가지 소개하겠다.

1. 하루의 시간을 나누는 일상의 의식을 만든다. 그리고 일을 멈춰야 할 때를 스스로 알아차릴 수 있는 상황을 설정한다. 예컨대 수업할 시간을 미리 할애해두거나 수업을 끝내야 하

---

* 두 사람이 쓴 책의 내용이 궁금하다면 다음 링크를 참조하라: www.nonobvious. com/guides/mindfulness

는 시간을 미리 정하고 그것을 지킨다.

2. 오프라인 상태로 전환하거나, 통신 기기를 끄고 생각하는 시간을 가지면서 일에서 잠시 벗어난다. 아침에 이런 시간을 가지면 회사 업무와 개인적 목표를 동시에 수행할 수 있을 정도로 생산성 높은 하루를 준비할 수 있다.

3. 밤늦게 혹은 주말에 일해야 한다면 일하는 동안 자동 회신 메시지를 설정해둔다. 그래야 누군가 당신이 밤늦게 보낸 메일을 보고 당신을 밤낮으로 연락할 수 있는 사람이라고 생각하는 것을 피할 수 있다. (주의: 당신이 늦게까지 일할 수 있다는 사실을 상사나 동료에게 알리고 싶은 경우는 예외이다. 하지만 그렇게 하면 이미 일과 생활의 균형을 우선시하지 않는 것이다.)

### 2장 요약

→ 업무 수행량이 많은 원격근무자의 5가지 습관: ① 과감하게 경계를 설정한다. ② 창의적 탄력성을 발휘한다. ③ 일이 생기면 온전히 집중한다. ④ 가상 공감을 실천한다. ⑤ 의식적으로 명료하게 이야기한다.

→ 자신에게 효율적인 일정을 짜고 오프라인 상태로 하루를 시작한다. 자신이 시간을 어떻게 보내고 있는지 항상 살핀다.

→ 어떤 물건이나 활동 때문에 일에 전념할 수 없다면 각종 방법을 동원하여 그것에 접근하기 어려운 환경을 만든다. 또 계속 목표를 확인하며 방향을 잡는다.

→ 고립감과 외로움을 물리치려면 자신의 전문 지식을 공유할 방법을 찾아본다. 그리고 존재와 호흡에 집중하는 마음챙김 수련을 날마다 실천한다.

제3장
**업무 공간 만들기**

원격근무를 하게 된다면 어디서든 일할 수 있다는 사실에 해방감을 느끼겠지만, 맡은 업무를 훌륭하게 해낼 만큼 집중할 수 있는 장소를 찾기란 쉬운 일이 아니다. 이번 장에서는 업무 전용 홈 오피스든 집이 아닌 다른 공간이든 자신에게 가장 적합한 업무 공간을 찾아내거나 만들 때 고려해야 할 중요한 사항을 살펴본다.

## 몰입적 업무인가, 피상적 업무인가

일할 장소를 고르는 가장 좋은 방법은 무엇일까? 나는 책을 쓰기 위해서는 홈 오피스를 선택할 것이고, 이메일을 몇 통 쓰기 위해서는 우리 집 식탁을 선택할 것이다.

업무 장소를 결정하려면 우선 당신이 하려는 일이 몰입적 업무(딥워크Deep work)인지 피상적 업무Shallow work인지 고려해야 한다. 몰입적 업무와 피상적 업무는 작가 칼 뉴포트가 만든 용어로, 그에 따르면 몰입적 업무는 몰입된 집중력이 필요한 업무이고 피상적 업무는 그보다 낮은 집중력으로도 할 수 있는 일이다.[20]

몰입적 업무를 하려면 집중력을 방해하는 요소가 전혀 없어야 한다. 워싱턴 대학교 바설 캠퍼스의 소피 리로이 교수가 주의잔류attention residue 라고 명명한 현상 때문이다. 이것은 새로운 일을

시작한 후에도 여전히 바로 전 작업에 대해 생각하는 현상이다.[21]

아주 잠깐 휴대전화를 확인해도 주의 잔류가 발생한다. 여러 가지 일을 한꺼번에 할 때도 마찬가지이다. 그러므로 몰입이 필요한 업무는 끼어드는 방해 요소가 전혀 없는 환경에서 해야 한다.

## 업무 공간 선택 시 고려해야 할 10가지 요소

최적의 업무 공간(홈 오피스는 다음 항목에서 다룰 것이므로 제외한다)을 선택하려면 프라이버시, 기술 장비, 소음, 방해 요소 등 자신이 직접 통제할 수 있는 부분은 물론이고 공간 자체의 물리적 요소도 고려해야 한다. 업무 장소를 선택할 때 고려해야 할 10가지 요소는 다음과 같다.

1. **거리**: 집에서 얼마나 걸리는가? 오가기에 편리한가?
2. **방해 요소**: 주변 사람이나 분주한 환경과 같은 외부 방해 요소가 얼마나 존재하는가?
3. **생활 편의시설**: 업무 공간에 식사/커피/운동 시설 등 나에게 필요한 생활 편의시설이 있는가?
4. **사람 간의 소통**: 그곳에서 다른 사람과 소통할 기회가 있는

가? 회의 공간이 있는가? 회의 공간이 필요한가?

5. **자리와 공간**: 공간이 충분한가? 편히 앉을 자리가 있는가? 책상, 소파 등 앉을 자리가 다양하게 준비되어 있는가?

6. **소음**: 소음이 일하는 데 적절한 수준인가? 백색 소음 수준인가, 아니면 방해 수준인가?

7. **비용**: 장소 이용료, 음식값, 와이파이 비용, 주차비 등 그곳에서 일하는 데 필요한 비용은 얼마인가?

8. **기술 장비**: 와이파이 속도는 빠른가? 프린터를 이용할 수 있는가? 그 밖에 필요한 기술 장비가 구비되어 있는가?

9. **프라이버시**: 전화 통화를 하거나 화면을 공유할 때 프라이버시를 보호받는가? 그 밖에 프라이버시 보호가 필요한 부분이 있는가?

10. **보안**: 주위에 다른 사람이 있는가? 타인의 접근이 제한되는가? 안전이 보장되는가?

## 홈 오피스 만들기

연쇄 창업가 겸 연설가인 제러마이아 오우양은 이렇게 말한다. "업무 처리를 위한 시설이 잘 갖춰진 장소에 업무 전용 공간을 만드세요. 침대 위 말고요." 방이든 개조한 벽장이든, 최적의 재택 근무 공간을 만들려면 다음 요소를 고려해야 한다.

→ **환경**: 어떤 환경에서 일이 가장 잘되는가? 자연광이 있어야 일이 잘된다면 창문에서 가까운 공간을 찾는다. 일하면서 음악을 듣는 게 좋다면 휴대용 스피커를 준비한다. 낮 동안 집 안에 기온 변화가 있다면, 집에 온도 조절기를 설치한다. 이런 준비를 통해 효율적으로 일할 수 있는 최적 환경을 만들 수 있다.

→ **배치**: 어떻게 공간을 배치해야 일과 생활을 분리할 수 있을까? 일할 방을 따로 마련하는 것이 가장 쉬운 방법이다. 하지만 그럴 수 없다면 오로지 일만 할 수 있는 구역을 확보한다. 이렇게 하면 필요할 때마다 그곳에서 일하고, 일을 그만해야 할 때는 그 자리를 뜨면 되므로 정신적으로 일과 생활을 완전히 분리할 수 있다.

→ **업무 필수품**: 자신의 홈 오피스에서 가장 중요한 장비가 무엇일지 생각해본다. 통신 장비나 프린터일 수도 있고, 참고 자료로 가득한 책꽂이일 수도 있다. 가장 중요한 것이 무엇이든, 홈 오피스에 반드시 업무 필수품을 갖춰서 업무 효율성을 최대한 높이도록 한다.

## 나만의 업무 기반 시설 갖추기

업무 공간을 정한 다음 원격으로 일을 하려면 업무 효율성을 최대화할 수 있는 '비대면 업무 기반 시설'을 갖추어야 한다. 비대면 업무 기반 시설이란 다음과 같은 도구나 플랫폼 등을 말한다.

→ 스케줄 도구와 일정표 앱

→ 생산성 관리 도구 및 소프트웨어

→ 비대면 컨설턴트나 프리랜서의 도움을 받을 수 있는 플랫폼

→ 파일 공유 도구

→ 보안 서비스 또는 VPN(가상사설망) 서비스

→ 디지털 계약 공유 도구

→ 재무 회계 플랫폼

→ 메신저 도구

→ 프로젝트 관리 소프트웨어

→ 비대면 회의 및 협업 도구

업무 기반 시설을 갖추려면 선택해야 할 것이 너무 많고 비용도 많이 들 수 있다. 또 정말 필요한 것이 무엇인지 모를 수도 있다. 하지만 회사에서 필요한 도구를 지정해준다면 선택하기가 훨

씬 쉬울 것이다. 어쩌면 선택의 여지가 전혀 없을 수도 있다.

## 아날로그의 매력

15년 전쯤 호주에서 일할 때 나는 원주민 예술가에게서 작은 목도리도마뱀 그림을 하나 샀다. 미국으로 돌아오면서 그림도 가지고 왔고, 그 이후로 내가 일하는 사무실에는 그 그림을 항상 걸어둔다.

처음 일을 시작했던 때가 생각나서인지 그 그림을 바라보고 있으면 기분이 좋아진다. 누구에게나 의미 있는 물건이 있기 마련이다. 그런데 원격근무를 할 때 그런 의미 있는 물건을 일하는 장소에 놓을 생각은 대부분 하지 않는 것 같다.

원격근무에 적합한 공간을 만들 때 필요한 것을 고민하고 있다면, 잊지 말고 정서적인 물건이나 의미 있는 물건도 포함하자. 그러면 그곳이 어디든, 좀 더 마음 편하게 일할 수 있을 것이다.

좋아하는 머그잔이나 가족사진, 또는 감명 깊게 읽은 책을 가져다놓아도 좋다. 위안을 주고 마음을 편하게 해주는 물건이라면 어디서 일하든 그것을 가져갈 만한 가치가 있다.

## 🗒 3장 요약

→ 근무 장소를 고를 때는 다음 요소를 고려한다: 거리, 방해 요소, 생활 편의시설, 사람 간의 소통, 자리와 공간, 소음, 비용, 기술 장비, 프라이버시, 보안

→ 사용하게 될지도 모른다는 생각에 장비를 과하게 설치하지 않도록 한다. 가장 중요한 것에 초점을 맞춘다.

→ 마음을 편하게 해주는 물건이 있다면 업무 공간에 가져다놓는다.

📍 4장

평판 쌓기와
온라인 퍼스널
브랜드 만들기

원격근무자에게 퍼스널 브랜드는 가상 세계 또는 비대면 대화에서 자신을 보여주는 방법이 되기도 한다. 이번 장에서는 현재 자신의 퍼스널 브랜드를 평가하고 그것을 개선하는 방법을 알아보려고 한다. 우선, 퍼스널 브랜드의 정의를 살펴보자.

## 퍼스널 브랜드의 정의

퍼스널 브랜드란 다른 사람을 마주하거나 비대면 회의에 참여하기 전에 자신이 누구인지를 세상에 알리는 메시지이다. 퍼스널 브랜드와 평판은 서로 관련이 있지만 동일한 개념은 아니다.

퍼스널 브랜드는 자기가 자신에 대해 이야기하는 것이고, 평판은 남이 자신에 대해 이야기하는 것이다.

> 🔒 **살펴보기** 퍼스널 브랜드에 대한 생각
>
> 퍼스널 브랜드는 업무 뒤에 숨겨진 개인의 생각입니다. 즉, 지금의 당신을 있게 한 지식, 경험, 관점을 말하지요.
> 실제 내 모습을 담은 진실한 퍼스널 브랜드를 만들고 싶은가요? 그렇다면 기부를 해보세요. 지식 기부, 정보 기부, 교육 기부와 같은 것이요. 그러면 사람들이 다가올 겁니다. 기부는 도움이 필요한 분

> 야에 빛을 비추어 가치를 창출하는 행위니까요.[22]
> ⋯→ 미치 조엘, 작가, 기조연설자이자 투자가

강력한 퍼스널 브랜드를 만드는 비결을 이야기하기에 앞서, 퍼스널 브랜드에 주목해야 하는 이유를 먼저 살펴보겠다.

## 퍼스널 브랜드가 비대면 업무에서 더 중요한 이유

퍼스널 브랜드가 가치 있는 이유는 다음과 같다.

→ **한층 독립적인 존재가 될 수 있다.** 요즘같이 불확실한 시기에 퍼스널 브랜드가 강력하면 현재의 직업 외에 다른 분야에서도 평판을 쌓는 기회가 된다. 다양한 분야에서 평판을 쌓으면 현재 맡은 업무를 처리하는 동안 자신의 경력과 인간관계에도 도움이 되지만, 업계 전체에 자신을 알리는 데도 크게 도움이 된다.

→ **당신이 필수적인 존재가 되도록 돕는다.** 강력한 퍼스널 브랜드 덕분에 직장에서 좀 더 중요한 사람이 될 수 있다. 많은 회

사가 서로 놓치지 않으려고 애쓰는 사람이 바로 슈퍼스타이다. 회사가 인원 감축을 할 때, 혹은 당신을 고용한 고객이 프리랜서 수를 줄이려고 할 때 퍼스널 브랜드가 강력하다면 당신은 마지막까지 살아남을 것이다.

→ **당신의 신뢰성을 높여준다.** 퍼스널 브랜드가 강력하면 새로운 환경에 들어갔을 때 자신을 소개하거나 신뢰를 쌓느라 시간을 보낼 필요가 없다. 새로운 환경에서는 함께 일하기 전부터 당신에 대해 알고 있는 사람이 많을수록 더 좋다. 다른 사람에게 당신의 이야기를 들려주느라 시간을 보내지 않아도 되고, 가치를 창출하는 데 더 많은 시간을 할애할 수 있기 때문이다.

→ **돈을 잘 벌 수 있다.** 퍼스널 브랜드가 강력하다는 것은 그 퍼스널 브랜드 덕분에 더 높은 인지도와 개인적 평판을 얻고 있다는 뜻이다. 그러면 당신이 제공한 서비스에 대한 대가를 더 받을 수도 있고 더 높은 월급을 받을 수도 있다.

나는 경력 면에서 퍼스널 브랜드의 덕을 톡톡히 보았다. 첫째, 블로그 덕분에 내 첫 책을 계약할 수 있었다. 둘째, 온라인 활동을 하면서 전문 기조연설자로서 경력을 쌓게 되었다. 셋째, 나의 통찰력을 담은 책들이 출판되었고, 그 덕분에 이런저런 비대면 회의에 앞서 내 전문 지식을 전달할 기회가 생기기도 했다.

온라인에서 강력한 퍼스널 브랜드를 구축한다면 누구나 이와 같은 장점을 누릴 수 있다. 그 출발점으로서 퍼스널 브랜드를 구성하는 요소부터 살펴보겠다.

## 강력한 퍼스널 브랜드를 위한 3가지 요소

| 강력한 퍼스널 브랜드를<br>위한 3가지 'P' | 1. 개성(Personality)<br>2. 관점(Perspective)<br>3. 존재감(Presence) |
| --- | --- |

퍼스널 브랜드를 구축하기 위한 3가지 요소는 다음과 같다.

1. **개성**: 한 인간으로서 당신은 어떤 사람인가? 당신의 진정성을 어떻게 보여줄 것인가?
2. **관점**: 자신만의 독특한 관점은 무엇인가? 어떻게 그것을 다른 사람과 공유할 것인가?
3. **존재감**: 온라인에서 당신의 존재는 얼마나 눈에 띄는가? 구글에서 당신을 검색하면 어떤 것이 나오는가?

## 자신의 개성을 드러낸다

현실 세계에서는 각종 방식으로 자신의 개성을 보여줄 수 있다. 입고 있는 옷이나 책상 위에 올려놓은 물건만 보아도 개성이 드러난다. 하지만 가상 세계에서는 그것도 쉽지 않은 일이다.

나는 가상공간에서 개성을 보여줄 좋은 방법에 대한 의견을 듣고자 나의 소셜 미디어 네트워크에 질문을 올려보았다.

여기에 내가 가장 좋아하는 방법 몇 가지를 소개하겠다.

→ 아바타에 자신만의 독특한 이미지를 입힌다. 나는 수년간 트위터의 인물소개란에 나를 닮은 레고 그림을 올려놓았다. 이제 그 레고 그림은 트위터에서 나의 상징이 되었다.

→ 화상 회의에 반려동물과 함께 참여해본다. 동물들 덕분에 딱딱한 회의 분위기가 부드러워져서 의견을 모으는 것이 쉬워진다. (이시 세드윅, 프리랜서 카피라이터이자 팟캐스트 패 블러스 포크로어Fabulous Folklore의 운영자)

→ 가상 배경 °을 사용할 수 있는 화상 회의 플랫폼이 많다. 재미있는 가상 배경을 설정할 수 있으니 활용해보자. 하지만

---

° 몇몇 화상 회의 소프트웨어에 있는 기능으로, 원하는 사진이나 비디오를 자신의 배경으로 설정하여 다른 사람에게 보여줄 수 있다.

그 배경이 주의를 분산하지 않도록 유의해야 한다. 또 만약 당신이 몸을 많이 움직이는 편이라면 배경이 제대로 보이지 않을 수 있다.

→ 화상 회의를 할 때는 너무 요란하거나 위압적인 옷은 피한다. 보는 사람이 어지럽다고 느낄 수 있기 때문이다. 그 대신 자신의 피부색에 어울리는 단색 옷을 선택하는 것이 좋다. 그리고 얼굴 가까이 흰색을 배치하지 않도록 한다. 흰색이 빛을 끌어들여 얼굴이 칙칙해 보일 수 있다. 마지막으로, 직장인에게 적합한 스타일의 옷을 입는 것이 좋다. (알리샤 러스만, 언디나이어블 부티크Undeniable Boutique와 비 신 브랜딩Be Seen Branding의 소유주이자 설립자)

→ 비대면으로 수업을 하거나 정보를 전달하려고 한다면 사람들이 대화에 손쉽게 참여할 수 있도록 개인적 경험이나 관련 에피소드를 이야기하면서 시작한다. (마이크 사포리토, 스마트 해빗Smart Habit의 설립자)

→ 당신의 개성을 드러낸다. 사람은 누구나 특별하며 청중은 그런 당신에 대해 더 많이 알고 싶어 할 것이다. 그러므로 좋아하는 밝은색 옷을 입거나 아끼는 물건들이 진열된 선반 앞에 앉는 것도 좋다. (에번 캐럴, 작가이자 연설가)

→ 화상 회의에서 자신을 있는 그대로 보여주는 것을 두려워

하지 않는다. 프레임 안으로 아이들이나 강아지가 갑자기 뛰어들고, 책상 위가 좀 지저분하더라도 괜찮다. 그런 모든 것을 통해 물리적으로 떨어져 있는 상황에서도 사람들은 당신을 좀 더 잘 알 수 있고, 서로 소통할 수 있다. (스콧 몬티, 전략 고문이자 타임리스 앤 타임리Timeless & Timely 뉴스레터의 필자)

→ 컴퓨터 화면으로 보이는 전체 프레임을 생각한다. 등 뒤에는 무엇이 있는가? 프레임을 통해 자신이 어떤 사람인지가 드러나는가? 호기심을 충분히 유발하는가? 자신에 대한 작은 힌트를 프레임 안에 넣어둔다. 그래야 사람들과 소통하기 쉽기 때문이다. (리사 제노, ATCK* 문화 기고가)


## 나만의 관점을 갖는다

학회에서 연설자로 활동하기 시작하면서 다른 연설자들과 함께 패널로 참석하는 일도 종종 있었다. 그런데 패널 모두가 같은 의견을 내는 일이 잦았다. 모두에게 지겨운 일이었다.

그래서 나는 남과 다른 의견을 내놓는 것을 유일한 목표로 삼

---

* 성인 제3문화 아이들Adult Third Culture Kids, 2개 이상의 문화적 배경 속에서 자라 성인이 된 사람들을 말한다. — 옮긴이

았다.

가끔은 일부러 동의하지 않기도 했다. 심술궂게 굴려는 것이 아니라 나는 다른 사람과 다르다는 것을 청중에게 보여주려는 의도였다.

온라인에서도 나는 블로그 게시물을 쓰거나 트윗을 공유할 때마다 같은 행동을 했다. 그러면서 남과 다른 의견을 내는 것이 내 퍼스널 브랜드의 일부가 되었고 "뻔하지 않은"이라는 브랜드가 탄생하기에 이르렀다. 자기만의 독특한 관점이 있어야 사람들의 이목을 끌 수 있는 것이다.

다른 사람과 구별되는 자신만의 특징은 무엇인가? 대답하기 쉬운 질문은 아니다. 하지만 돋보이는 사람이 되고 싶다면 반드시 짚어봐야 할 중요한 문제이다.

## 온라인에서 존재감을 갖는다

대학을 졸업하고 1년 후에 나는 호주로 갔고 그곳에서 첫 직장을 얻었다. 직장을 얻을 수 있었던 이유는 내가 웹사이트를 운영하고 있었기 때문이다. 1998년 무렵으로 그 당시에는 개인 웹사이트를 보유한 사람이 흔치 않았다.

정확히 말하면 나는 면접관의 질문에 대한 나의 대답 덕분에 일자리를 얻었다. "그 웹사이트를 직접 만들었습니까?"라는 질문이었다.

나는 그렇다고 대답했고 바로 그다음 날 직장이 생겼다.

그 시기에는 웹사이트를 디자인하고 HTML로 코딩하는 기술에 대한 수요가 많았다. 그리고 나는 지난 10년 동안 웹사이트 덕분에 다양한 일자리를 만들어냈고, 명성도 얻게 되었다.

개인 웹사이트가 온라인에서 존재감을 키우는 유일한 방법은 아니다. 요즘에는 소셜 미디어를 통해서도 내가 얻은 것과 같은 이득을 얻을 수 있다.

하지만 이것은 온라인으로 휴가 사진이나 재미있는 밈meme*을 공유하는 것과는 좀 다르다.《뻔하지 않은 안내서: 소기업 마케팅Non-Obvious Guide to Small business Marketing》에서 나는 소기업을 위한 소셜 미디어 전략을 세우는 방법을 소개했다(물론 개인에게 유용한 지침도 담고 있다).

가장 말하고 싶은 사항은 계획을 세워서 목적에 맞는 소셜 미디어 플랫폼을 선택해야 한다는 것이다.

---

* 인터넷에서 급속도로 확산되어 사회 문화의 일부로 자리 잡은 이미지, 동영상, 해시태그, 유행어 등을 일컫는 말이다. — 옮긴이

## 일관성의 중요성

마지막으로 모든 성공적인 브랜드에서 가장 중요한 요소는 바로 일관성이다.

**훌륭한 브랜드는 항상, 항상, 항상 일관성이 있다.**

모든 마케팅 전문가가 말하는 브랜드의 기본 요소는 바로 일관성이다. 그러므로 플랫폼 안은 물론이고 사람들과 교류하는 모든 곳에서 되도록 일관성을 유지해야 한다.

## 📋 4장 요약

→ 퍼스널 브랜드란 자기가 자신에 대해 이야기하는 것이다. 평판은 다른 사람이 자신에 대해 이야기하는 것이다.

→ 퍼스널 브랜드는 중요하다. 독립성과 신뢰성을 높여주는데다 돈도 더 많이 벌 수 있게 해주기 때문이다.

→ 강력한 퍼스널 브랜드를 위한 3가지 요소는 개성, 존재감, 관점을 말한다.

→ 좋은 퍼스널 브랜드는 언제나 일관성이 있어야 한다.

2부

# 비대면 회의

Working Remotely

📍 5장

비대면 회의
준비하기

비대면 회의에 필요한 기본 준비 사항은 대부분 대면 회의와 같다. 명확한 안건을 정하고 그 회의에 참석할 사람을 결정해야 한다.

이번 장에서는 이와 같은 기본 요소에 시간을 할애하기보다는 비대면 회의를 할 때 특별히 주의해야 할 사항에 초점을 맞출 것이다. 우선, 회의에 적절한 포맷을 고르는 일부터 시작하려고 한다.


## 우선 고려해야 할 사항


사람들은 혼자 일하게 되면 꼭 필요하지 않아도 회의를 하고 싶고, 단지 이용할 수 있다는 이유만으로 기술 장비를 사용하고 싶은 욕구가 커진다.

지금껏 화상 회의를 하지 않았는데 어째서 지금은 화상 회의를 해야 할까?

사실 비대면 회의 중에는 영상이 전혀 필요 없는 회의도 있고 심지어 전혀 할 필요가 없는 회의도 있다. **대화할 때마다 화면을 사용하는 것은 다른 도시에 있는 사람을 만나러 갈 때마다 비행기를 타는 것과 마찬가지이다.**

비대면 회의를 소집하기에 앞서 스스로 답해봐야 할 중요한 질문이 몇 가지 있다.

1. 이 회의가 정말 필요한가?
2. 해당 시간에 그 회의에 반드시 참석해야 하는 사람은 누구인가?
3. 협업하는 데 화상 시스템이 꼭 필요한가?
4. 회의에서 얻어야 하는 바람직한 결과는 무엇인가?
5. 가장 적당한 회의 시간은 몇 시인가? 회의 참석자들이 참여하는 시간대가 다양하다는 사실을 고려하고 있는가?

상기 질문들은 아주 기본적인 것이다. 하지만 단지 비대면 회의가 계획 잡기에 편하다는 이유만으로 이런 기본 사항도 고려하지 않는 경우가 많다.

## 비대면 회의 안건을 정하는 비법

비대면 회의를 위해 효과적인 안건 목록을 정하는 원칙은 대면 회의에서와 크게 다르지 않다. 그렇지만 대면 회의에서조차 이런 원칙이 지켜지지 않는 경우가 많다. 여기서는 모든 회의에 적용되지만, 비대면 회의에서 특히 더 중요한 비법 4가지를 간략히 살펴본다.

## 비법 1: 가장 중요한 것에 초점을 맞춘다

좋은 안건 목록은 그 회의에서 다룰 수 있는 모든 것을 적어놓은 장황한 목록이 아니다. 가장 중요한 것부터 목록에 넣어 먼저 처리한다. 회의에서 실행 여부를 결정해야 하는 안건이 있는 경우에는 특히 더 중요한 사항이다.

## 비법 2: 흥미를 유발하는 질문을 던진다

논의가 활발히 이루어지려면 단순히 번호를 매겨 안건을 나열하기보다는 질문으로 구성된 안건 목록을 나눠주는 것이 좋다. 같은 공간에 모여서 회의하는 경우가 아닐 때는 더더욱 그렇다. 회의 참석자들의 관심을 끌 만큼 흥미롭고 중요한 질문을 만들어본다.

## 비법 3: 적당한 시간을 정한다

다양한 안건을 처리하는 데 시간이 얼마나 걸릴지 현실적으로 판단하고 어느 지점에서 회의를 마칠지를 정한다. 또 회의를 주관하는 사람이 누구인지, 안건별로 논의를 시작하고 마칠 권한이 있는 사람이 누구인지를 모든 참석자에게 분명히 알린다.

## 비법 4: 사람들을 이해당사자로 만든다

회의 참석자가 안건 목록 작성에 깊이 관여할수록 회의에 적극적으로 참여하게 된다. 안건 목록을 미리 전달하고 가장 영향력 있는 사람들에게서 안건에 대한 승인을 얻는 것이 좋다.

## 비대면 회의의 7가지 규칙

아이들이 방으로 불쑥 뛰어 들어오는 경우부터 다른 사람이 화면으로 보고 있다는 사실을 잊고 당혹스러운 행동을 하는 사람에 이르기까지, 비대면 회의에서 생긴 황당한 사건에 관한 이야기가 심심치 않게 들려온다.

하지만 실제 회의에서 훨씬 더 빈번하게 발생하는 그런 소소한 실수는 관련 내용을 교육하고 적절한 순간에 그 내용을 상기시켜주면 쉽게 예방할 수 있다. 실수를 막기 위해 다음에 소개하는 비대면 회의의 7가지 규칙을 적용해보자. 웹사이트에서도 이 7가지 규칙을 다운로드할 수 있다.

1. **시간을 지킨다.** 이 규칙은 모든 회의에서 중요하지만 비대면 회의에서는 특히 더 중요하다. 회의를 중단하고 늦은 사람을 맞이하기가 더 어렵기 때문이다.

2. **음소거 버튼을 사용한다.** 말을 하지 않는 동안은 음소거 버튼

을 눌러놓는다. 말을 할 때 음소거 설정을 해제하면 된다. 실수하지 않도록 반복해서 연습한다. 이것은 가장 중요한 규칙이다.

3. **소리에 집중한다.** 화상 회의는 영화 감상이 아니다. 사람들은 당신을 바라보기보다 당신의 말에 귀를 기울여야 한다. 헤드셋이나 외장 마이크를 사용하고, 소리가 잘 전달되는지 확인한다.

4. **역광을 피한다.** 조명이나 창문을 등지고 앉지 않는다. 그 대신 카메라가 빛을 등질 수 있는 장소를 찾아본다.

5. **사생활을 너무 드러내지 않는다.** 당신 뒤편으로 방 안의 어떤 장면이 보이는지 살펴본다. 화면을 공유하기 전에 책상 위에서 개인 정보를 지나치게 드러내는 물건은 치운다.

6. **방해가 될 만한 소리를 끈다.** 모든 장치에 설정된 경고음이나 알림 소리가 나지 않도록 회의 전에 조치한다. 방해가 되지 않도록 방 안의 다른 화면을 모두 끈다.

7. **적절한 복장을 갖춘다.** 업무에 관한 회의에서는 전문적인 모습을 보여야 한다. 원격근무를 한다고 해서 침대에서 막 빠져나온 모습이 정당화되지 않는다.

**살펴보기** 자기 소리 끄기

과거에 사람들이 전화 회의를 어떻게 했었는지 떠올려보세요. 아마도 전화기를 음소거 상태로 해놓았다가 뭔가 이야기를 해야 하거나 질문을 받았을 때만 음소거 상태를 해제하고 대화에 참여했을 것입니다.

사람들은 이 기술을 화상 회의에도 적용할 수 있다는 사실을 잘 모르는 것 같습니다. 최근에 발표자 2명과 참석자 40여 명이 함께한 화상 회의에 참여했는데, 정보 제공을 목적으로 열린 회의였음에도 사람들이 대부분 자신의 카메라를 켜놓고 있었습니다. 그래서 우리는 많은 사람이 우리를 우두커니 바라보고 있는 모습을(다양한 복장과 정신없는 침실을 포함한 가지각색의 배경까지) 화면으로 지켜봐야 했습니다.

심지어 몇몇 사람은 마이크까지 켜놓은 상태였습니다. 그래서 재채기 소리는 물론이고 화장실 물 내리는 충격적인 소리까지 들렸지요. 회의 중에 자신의 영상과 마이크를 끄는 것은 전혀 문제가 되지 않는다는 사실을 기억해야 합니다. 그러다가 말하고 싶은 것이 있을 때 켜면 됩니다.[23]

··· 렌 헤르슈타인, 브랜드매니지캠프 BrandManageCamp의 설립자

## 기술을 제대로 알기

회의가 필요해서 기술을 사용하는 것이지 기술을 사용하려고 회의를 하는 것이 아니다. 무엇보다도 먼저 당신이 가진 도구들을 제대로 알아야 한다.

《가상 팀 독려하기Influencing Virtual Team》의 저자 하산 오스만은 이렇게 말했다. "소음 차단 마이크부터 준비하세요. 소음 차단 헤드폰과 달리 소음 차단 마이크는 (아이들이 우는 소리나 개 짖는 소리 같은) 주변 소음을 줄여주어 다른 회의 참석자들이 방해받지 않을 수 있습니다."

장비 이외에도 회의에 사용할 플랫폼 또한 신중하게 따져봐야 한다. 일정 및 시간 관리 앱, 캘린더Calendar의 공동 창립자인 존 홀은 이렇게 말했다. "팀을 관리하고 효과적으로 일할 수 있는 적절한 기술 장비를 보유하고 있다면 원격근무는 성공했다고 볼 수 있습니다. 저는 지금도 가상 업무 팀의 능력을 최대치로 발휘하게 해줄 새로운 기술을 계속 찾고 있습니다."

새로운 도구를 채택할 정도의 유연성을 갖추고 사용 가치가 있는 최신 도구를 탐색한다면 결국 그 열린 마음에 대한 보상을 받게 될 것이다.

## 참여 유도 전략 세우기

대면 회의를 할 때는 발표를 마친 후에 10분 정도 질의응답 시간을 배정하여 참여를 요청할 수 있다. 하지만 비대면 회의에서 참여를 유도하려면 협력과 치밀한 계획이 한층 더 필요하다.

참여 유도 전략을 세우는 데 유용한 질문을 몇 가지 살펴보겠다.

→ 참여의 장을 만들려면 누가 가장 먼저 이야기를 시작해야 하는가?

→ 참여자들은 당신이 사용하는 기술에 얼마나 익숙한가?

→ 의미 있는 대화나 논의는 언제 이루어지는 것이 좋은가? 또 누가 그것을 주관해야 할까?

→ 백채널Backchannel°이란 무엇인가? 누가 백채널을 모니터링하고 답변할 것인가?

→ 회의나 대화를 자기 뜻대로 끌고 가려는 사람들이 있는가? 있다면 그들을 어떻게 관리할 것인가?

---

• 회의 밖에서 회의와 동시에 이루어지는 온라인 대화 공간을 말한다.

# 비대면 회의의 4가지 모델

| 비대면 회의의 4가지 모델 | 1. 조력자 모델 |
| | 2. 기조 모델 |
| | 3. 실시간 질의응답 모델 |
| | 3. 집단 논의 모델 |

일단 참여 유도 전략을 결정하고 나면, 회의의 전체 구성을 결정할 수 있다. 일반적인 회의 구성 모델을 몇 가지 소개하면 다음과 같다.

## 모델 1: 조력자 모델

이 모델에서는 조력자 1명이 주최자 역할을 하면서 전체 회의를 조정한다. 여기서 조력자는 몇몇 사람에게 권한을 주어서 회의 각 단계에서 화면 송출이나 통제를 담당하게 할 수도 있다.

당신이 사용하는 기술 플랫폼은 물론이고 회의 내용에 대한 지식도 갖추고 있어서, 회의를 원활하게 진행하고 흐름에서 벗어나는 참석자가 없도록 돕는 조력자를 선택하는 것이 이 모델을 효과적으로 사용하는 열쇠이다.

## 모델 2: 기조 모델

기조 모델에서는 발표자 1명이 이야기하고 다른 참석자들은 조용히 시청한다. 웨비나Webinar(웹Web＋세미나Seminar)와 팀을 위해 열리는 경영진 직급의 프레젠테이션이 대개 이런 방식으로 이루어진다.

이 모델에서는 실제로 어떤 상호작용도 일어나지 않는다. 발표자를 돕는 교육 담당 직원이나 기술 지원 직원을 두어서 필요한 경우 화면 공유 상황을 관리하고 고품질의 오디오 연결을 보장하게끔 하는 것이 이 모델의 열쇠이다.

청중의 규모에 따라, 회의 참석이 어렵거나 회의 중 기술적 문제에 부딪히는 참석자를 돕는 기술 자원이 별도로 필요할 수도 있다.

## 모델 3: 실시간 질의응답 모델

이 모델은 계획된 프레젠테이션 뒤에 실시간 질의응답 시간이 이어지는 형태이다. 이 모델에서는 기술 플랫폼에 대한 전문 지식을 갖춘 사람이 필요하다. 질문들을 모아서 발표자에게 전달하거나 특정 참석자들이 직접 질문할 수 있도록 접근 권한을 주어야 하기 때문이다.

**모델 4: 집단 논의 모델**

마지막 모델은 공개 논의 형태이다. 이런 회의에서는 참석자 3~4명과 함께 가상 전화 회의를 하거나 화상 회의를 할 수 있다. 또 누구나 회의 중간에 의견을 말할 수 있다.

이 모델에서는 무엇보다도 진행자가 있어야 한다. 모든 참석자가 원할 때면 언제나 의견을 말할 수 있는 만큼 회의가 순식간에 무질서해질 수 있기 때문이다.

이런 형태의 회의가 잘 진행되려면 진행자에게 발표자를 제외한 사람들의 마이크 소리를 *끄거나*, 대화 중간에 전략적으로 끼어들 수 있는 권한이 있어야 한다.

## 막바지 준비

이번 장에서 언급한 모든 사항을 감안하여 효과적으로 자신의 회의 준비를 마쳤고 발표자가 장비 사용법을 확실히 안다는 가정하에, 마지막으로 고려하고 확인해야 할 점을 나열했다.

→ 회의 시작하기 최소 1시간 전에 장비를 점검하여 발표자의 장비 상황이 안정적인지, 또 모든 장비가 정상적으로 작동

하는지 확인한다.

→ 카메라를 사용할 예정이라면 반드시 방을 정리한다. 화면에 보이는 방 안 부분은 깔끔해야 하고 조명도 적절해야 한다. 또 회의에 방해되는 소리가 나지 않는지 확인한다.

→ 회의 참석자에게 알림 메시지를 보낸다. 회의 1일 전이든 1시간 전이든 상관없다. 메시지에는 전화 참여 방법이나 로그인 방법에 대한 설명을 담아서 참석자가 참석 방법을 다시 찾아볼 필요가 없도록 한다.

→ 나중에 회의를 공유할 계획이라면 잊지 말고 회의를 녹화한다. 그리고 항상 참석자에게 녹화 사실을 알린다. 반드시 녹화 버튼을 누르고 녹화가 시작되었는지 확인한다!

→ 백업 계획을 공유한다. 발표자에게 문제 발생 시 대처법을 미리 알려주고, 기술 문제 대응 카드(기술 지원을 받는 방법이 적힌 작은 메모)를 준비해준다. 필요하다면 쉽게 따라 할 수 있게 단계별로 작성한 도표를 덧붙여도 좋다.

→ 회의에 카메라 사용 여부를 계획한다. 참석자도 미리 정한다.

→ 언제나 비대면 회의의 7가지 규칙을 지킨다. ① 시간을 지킨다, ② 음소거 버튼을 사용한다, ③ 소리에 집중한다, ④ 역광을 피한다, ⑤ 사생활을 너무 드러내지 않는다, ⑥ 방해가 될 만한 소리를 끈다, ⑦ 적절한 복장을 갖춘다.

→ 적절한 참여 전략을 세워서, 참석자가 의견을 말하는 방법을 숙지하고 주관자가 누구인지 확실히 알 수 있도록 한다.

→ 가장 효과적으로 비대면 회의를 진행하기 위해 실시간 질의응답 모델, 기조 모델, 조력자 모델, 집단 논의 모델 등 4가지 모델 가운데 하나를 선택한다.

♀ 6장
참여 유도하기

가상 환경에서 만나 이야기를 나누는 일은 누구에게나 어렵다. 직접 만나지 않으면 보디랭귀지이든 스토리텔링이든 상대방의 관심을 끄는 것 자체가 실제로 더 어렵다. 그렇지만 가상 환경만의 장점도 있다.

만약 다양한 방해 요소를 차단하고 인간관계 결여와 같은 문제를 해결하는 동시에 비대면 회의의 장점을 잘 활용할 수 있다면 어떨까? 이번 장에서 그 방법을 알아보려고 한다.

## 비대면 회의를 망치는 5가지 이유

비대면 회의에 많은 시간을 들이지만 결국 시간 낭비로 끝나는 경우가 빈번하다. 물론 나도 그랬다. 하지만 비대면 회의나 프레젠테이션의 실패가 당연한 것은 아니다.

**비대면 회의가 제대로 이루어지지 않는 이유는 사람들 대부분이 비대면 회의 방법을 제대로 배운 적이 없기 때문이다.**

더 나은 비대면 회의를 하려면 그것을 망치는 가장 흔한 원인부터 짚어보아야 한다.

## 문제 1: 방해 요인의 증가

대면 회의를 할 때와 똑같은 방식으로 똑같은 내용을 발표한다면 비대면 회의에서는 효과가 없다. 회의에 참여한 사람들에게는 대면 회의 때보다 방해 요인이 너무 많고, 여러 가지 행동을 동시에 할 수 있는 환경이 갖춰졌기 때문이다.

## 문제 2: 기술 장비의 방해

화상 회의를 시작하고도 10여 분 동안 서로 소리가 들리는지 확인하고 화면이 나오게 만드느라 고생해봤다면 이미 기술 장비의 방해를 경험했다고 할 수 있다. 실제로 비대면 회의에 사용되는 기술 장비는 각종 문제를 일으킨다. 우리는 항상 뭔가를 다운로드해야 하고 마이크는 작동하지 않으며 걸핏하면 인터넷 연결이 끊긴다.

## 문제 3: 알 수 없는 청중의 반응

어째서 제작자들은 방청객도 없는 시트콤에 방청객 웃음소리를 집어넣을까? 텔레비전 시청자는 함께 웃어줄 청중이 주변에 없어서 언제 웃어야 할지 모른다고 가정하기 때문이다. 같은 원리로, 실제 대면 회의에서는 주변 사람을 보면서 어떤 반응을 해야 할지 알 수 있다.

하지만 비대면 회의에서는 이런 반응을 확인할 수 없기 때문에 참석자들은 상호작용에서 배제된 기분이 들고 결국 집중하기가 어려워진다. 모두가 마이크를 꺼놓아서 부자연스러운 정적이 흐를 때면 상황은 더욱 심각해진다.

## 문제 4: 의무감 부족

대면 회의 중에 휴대전화를 사용하면 자신의 명예에 손상을 입을 뿐만 아니라 실제로 다른 사람에게 피해를 준다. 회의에 지각했을 때도 마찬가지이다. 회의 참석자 모두가 서로의 행동을 지켜볼 수 있기 때문이다. 하지만 비대면 회의에서는 참여자들을 집중시키거나 그들이 딴짓하는 것을 막을 만한 사회적 압력이 없다.

## 문제 5: 일방적 소통

비대면 회의에서는 한 사람이 카메라를 켜고 내용을 전달하면 나머지 참석자들은 모습을 드러내지 않은 채 조용히 듣는 경우가 대부분이다. 결국 발표자는 다른 참석자들이 어떤 반응을 하고 있는지 알 수 없을뿐더러 잘 듣고 있는지도 확인할 방법이 없어서 회의의 균형이 깨지고 만다.

어떻게 문제를 바로잡을 수 있을까?

비대면 회의의 이러한 문제점은 어쩔 수 없는 것이라고 치부해 버리기 쉽다. 그렇다고 해서 비대면 회의를 아예 하지 않거나, 의무감을 부여하려고 참석자 모두가 화면에 나오게 하는 방법은 합리적이지 않다. 또 기술적 문제가 앞으로 일어나지 않거나 저절로 없어지기를 바라고만 있을 수도 없다.

그래서 나는 각종 어려움에도 불구하고 사람들의 참여를 끌어내고 기술적 문제를 해결할 수 있을 만한 방법을 찾아보고 적용해보았다.

### 비법 1: 대화로 시작한다

대면 회의를 할 때, 사람들은 모이자마자 업무 이야기를 시작하지는 않는다. 보통은 시작 전에 서로 편안한 대화를 나누곤 하며, 바로 그런 것이 우리의 인간적인 면모이다. 비대면 회의에서도 그런 대화가 중요하기는 마찬가지이다.

**먼저 참석자들에게 관심을 표현하라. 그러고 나서 일을 시작한다.**

플렉스잡스FlexJobs의 경력 개발 관리자인 브리 레이놀즈는 이렇게 제안한다. "모든 정기 회의를 시작하기 전에 약 5~10분 동안은 업무와 관련 없는 대화를 해보세요. 원격근무자는 다른 사람과 개인적으로 교류할 시간이 꼭 필요합니다. 그래야 감정적 유대감을 쌓고 혼자가 아니라고 느낄 수 있으니까요."[24]

또 트렌드와칭Trendwatching의 전무이사 헨리 메이슨은 이렇게 말한다. "비대면 회의가 과도하게 기능에만 치우치는 이유는 회의의 소통 매체가 가벼운 수다에 적합하지 않기 때문입니다. 하지만 그것 때문에 인간다움을 잃어서는 안 됩니다! 회의 중에 잠깐 한가롭게 잡담 나누는 시간을 가지면 참여자 모두가 소속감을 느끼면서 회의할 수 있을 것입니다."[25]

## 비법 2: 비대면 기술의 장점을 이용한다

회의 참석자 모두가 회의 시간 내내 각자의 컴퓨터에 접속 중이라는 사실을 기억하면 많은 일이 가능해진다. 가령 참석자들을 모두 특정 웹페이지의 등록 화면으로 안내하고 싶다면 링크를 이용해서 간단히 이동하게 할 수 있다. 실시간 투표를 실시하여 통계를 낼 수도 있다. 심지어 회의 주제를 참석자들의 즉각적인 응답에 맞춰 조정할 수도 있다. 온라인 회의에서만 가능한 상호작용을 잘 활용하면 대면 회의보다 더 빠르게 실시간 참여를 유도할 수 있다.

## 비법 3: 다양한 매체와 방식을 사용한다

2시간이 걸리는 회의나 45분 동안 이어지는 기조연설 자리에서도 참석자들은 끝까지 앉아 있지만, 비대면 회의에서는 상황이 다르다. 9초짜리 유튜브 영상에 익숙한 가상 세계에서는 장시간 사람들의 주의를 끌기가 매우 어렵다. 그래서 나는 비대면 회의에서 각종 영상을 종종 사용한다. 또 참석자들에게 그림을 그리거나 질문에 답을 하는 등 다양한 활동을 요청한다. 때로는 참석자들끼리 서로 교류할 수 있는 시간을 주어도 좋다.

이렇게 콘텐츠를 다양하게 활용하면 주의도 환기되고 집중시간도 늘릴 수 있다.

## 비법 4: 문제 발생을 줄인다

일반적으로 기술 플랫폼은 특정 단체의 사용 승인을 받은 것이나 발표자가 편하게 사용할 수 있는 것을 가장 많이 선택한다. 하지만 2가지 선택 방식 모두 잘못되었다. 적절한 기술 플랫폼을 선택하려면 먼저 다음 질문에 스스로 답해봐야 한다. 그 회의의 참석자들이 가장 쉽고 빠르게 작업할 수 있는 기술 플랫폼은 무엇인가? 문제가 생겼을 때 실시간 기술 지원이 되는가? 다운로드가 필요 없는 도구는 무엇인가? 이처럼 참석자 또는 청중에게 생길 문제를 먼저 고려해야 기술적 문제를 예방할 수 있다.

## 비법 5: 찾아가는 영업을 한다

대면 회의에서는 발표자나 사회자가 누군가를 지목하여 질문하기가 조심스럽다. 공격적으로 느껴질 수 있기 때문이다. 하지만 비대면 회의에서는 그렇게 해야 대화를 이어가기 쉽고 조용한 청중에게 자신의 관점을 이야기할 기회를 줄 수 있다. 한편 최근 뉴욕타임스는 여성이 회의에서 동등한 발언 기회를 얻지 못한다고 지적했다.[26] 그러므로 회의 조력자들은 여성에 대한 내재적 편견을 줄이는 방안도 고려해야 한다. 의도적으로 이런 노력을 한다면 대면 회의보다 더 많은 참여를 유도할 수 있다.

## 비법 6: 방해 요소를 예측한다

청중이 집중하지 못하거나 딴짓을 한다고 해서, 그들이 나쁜 사람이거나 당신의 말을 듣기 싫어하는 것은 아니다. 비대면 회의에서 발표할 때는 더 인내심을 가져야 하고, 이야기를 짧게 끝내야 하며 사람들의 관심을 지속시킬 방법을 찾아내야 한다. 준비한 내용을 여러 부분으로 나눈 다음 중간에 청중이 의견을 내거나 질문할 기회를 주는 것도 좋다.

## 비법 7: 후속 작업을 계획한다

비대면 회의에서 후속 작업을 계획하는 일은 대면 회의에서보다 훨씬 더 중요하다. 강의를 녹화하여 공유하기로 했다면 서둘러 이행한다. 다운로드 가능한 자료는 쉽게 찾고 다운로드할 수 있게 준비한다. 비대면 회의가 끝난 직후가 참여를 유도하기에 가장 좋은 순간이다. 당신이 전달하려는 내용을 청중이 가장 잘 이해할 수 있는 순간이기 때문이다. 회의 전에 미리 후속 작업을 준비해두었다가 빠르게 실행한다.

## 원격근무에서 창의성 높이기

⋯ 글: 《뻔하지 않은 안내서: 창의적인 사람 되기 Non-Obvious Guide to Being More Creative》
의 저자, 캐스린 헤이던

비즈니스에서는 창의성을 높이는 작업도 일종의 단체 경기로 간주한다. 그렇다면 혼자 원격근무를 할 때는 어떻게 창의성을 높일 수 있을까?

사무실에서는 동료와 잡담을 나누다가 우연히 창의적인 결과물을 얻곤 한다. 그런데 집에서 일하면 창의적으로 사고할 수 있는 새로운 기회가 생긴다. 특정 과업에 전념하지 않고 고도의 집중력이 필요 없는 활동을 하면서 보내는 시간, 바로 창의학 분야에서 "배양incubation"이라고 칭하는 시간이다.

달리기, 걷기, 운전, 음악 감상, 샤워와 같은 배양 활동을 하면서 가장 통찰력 있는 생각을 하게 된다는 사람이 많다.

가장 창조적인 생산 활동을 하는 작가나 과학자를 포함해 역사상 수많은 위인의 일과에는 반드시 배양 시간이 있었다. 위인들은 보통 자연 속에서 산책하는 경우가 많았지만, 그 형태는 각자의 상황에 따라 얼마든지 달라질 수 있다.

지난 몇 개월 동안 당신이 뛰어난 통찰력을 보였던 순간들을 되돌아보자. 그리고 다음 질문에 답해보면 당신에게 잘 맞는 배양 활동을 찾을 수 있을 것이다. 가장 뛰어난 통찰력을 보일 때, 또는 논리적이면서도 유연한 사고력을 발휘할 때, 나는:

→ 밖에 있는가? 아니면 실내에 있는가?

→ 몸을 움직이고 있는가? 아니면 가만히 있는가?

→ 주변의 소리는 어떠한가? (고요한가? 백색 소음이 있는가? 음악을 듣고 있는가?)

→ 요리, 만들기, 글쓰기, 그림 그리기와 같은 활동을 하는 중인가?

배양 시간은 재택근무의 희망이다. 일과에 배양 시간을 잡아놓으면 창의성을 키울 수 있을 뿐만 아니라 일과 생활의 균형도

자연스럽게 따라오기 때문이다.[*]

… 캐스린 헤이던은 연설가, 혁신 전략가이자 스파키티비티 Sparkitivity의 설립자이다.


## 전문가처럼 비대면 회의 쉽게 하기

… 글: 《뻔하지 않은 안내서: 마법같은 회의 Non-Obvious Guide to Magical Meetings》의 저
자, 더글러스 퍼거슨, 존 피치

회의를 그냥 온라인으로 한다고 되는 게 아니다. 비대면 회의로
전환하면 고급 원격 도구의 기능에 따라 회의 목적이 종종 좌우
된다. 하지만 회의 목적을 먼저 정한 후에 그 목적을 달성해줄 새
로운 원격 도구를 고려해야 한다. 그런 뒤 도구를 이용해 새로운
모습을 갖춘 회의를 시작하는 것이다.

목적의식이 있는 회의에 도움이 되는 몇 가지 모토가 있다. 그
중 하나가 "다 같이 혼자 일해라"이다. 비대면 워크숍을 하면 대
부분이 디지털 화이트보드 [**]를 생성해놓고 모든 참석자가 달려
들게 한다. 자유롭게 접근할 수 있는 이런 방식이 각종 성과로 이

---

• 캐스린 헤이던이 쓴 책의 내용이 궁금하다면 다음 링크를 참조하라: www.nonobvious.
  com/guides/creative
•• 온라인 공개 협업 공간으로서 실제로 회의실 화이트보드와 같은 역할을 한다. 여기
  에서 여러 사람이 실시간으로 아이디어를 적어서 공유할 수 있다.

어지기도 하지만 비대면 회의 도구를 잘 사용하는 사람이 그 회의를 장악하는 부작용이 생길 수 있다.

다소 내성적인 참석자들은 어떨까? 아직은 낯선 온라인 도구에 적응하기 어려워하는 사람들은 또 어떨까?

비대면 회의를 준비할 때는 모든 참석자에게 좋은 경험이 될 수 있도록 노력해야 한다. 뮤럴Mural처럼 대단한 도구를 이용해 가상 화이트보드나 "디지털월digital wall"만 만들어놓지 말고, 가상 디지털 테이블과 개인용 가상 워크스테이션을 갖추어 참가자들이 자신 있게 글을 쓸 수 있도록 준비해야 한다. 이것이 바로 "다 같이 혼자 일하는" 방법이다.

예컨대 우리는 디자인 스프린트Design Sprint *를 하기 위해 뮤럴을 사용한다. 그리고 참가자 모두가 디지털 워크스테이션을 갖추어 디자인 스프린트 과정에서 개별 활동을 할 수 있도록 한다. 모두가 같은 디지털월에서 협업하지만 참가자들은 각자 집중해서 자기 의견을 개진한다. 참가자 모두가 혼자 놀 수 있는 조그만 모래 놀이터를 갖게 된 셈이다.

이처럼 따로 시간을 들여 가상 회의 공간 안에서도 회의 참가자가 각자 작업할 수 있는 환경을 마련해야 한다.

---

* 소규모 기술 팀이 단 며칠 안에 아이디어를 반영한 시제품을 개발하고 만들어보는 과정이다.

회의에서는 참석한 모든 사람이 일해야 한다. 그래서 모든 참가자가 참여할 수 있도록 활동을 나누어야 한다. 비대면 회의 전문가라면 순간순간 참가자 개개인에게 명확하게 할 일을 배분할 것이다. 그렇지 않으면 일부 참가자는 회의에서 이탈하여 다른 곳으로 관심을 돌리기 때문이다.*

비대면 회의를 잘 진행하기 위해 고려해야 할 마지막 방법은 회의 플랫폼에서 토론방을 만들거나 회의 그룹을 세분하는 기능을 사용하는 것이다. 이런 방식으로 전체 구성원을 소규모 업무 팀으로 세분하여 대화를 나누면 한층 밀도 높고 효과적인 논의를 유도할 수 있다.

이런 기능을 사용할 때는 회의 목적을 분명히 하고 소집단 토론이 언제 끝나서 어떻게 본래 회의로 돌아가는지 구체적으로 설명하는 것이 중요하다.

---

* 두 사람이 쓴 책의 내용이 궁금하다면 다음 링크를 참조하라: www.nonobvious.com/guides/meetings

**6장 요약**

→ 비대면 회의는 방해 요인도 많고 기술적 문제도 빈번하게 발생한다. 이런 문제를 최소화하려면 참가자들이 회의에 참석하는 데 불편하지 않게 하면서 비대면 회의를 좀 더 즐거운 활동으로 만들어야 한다.

→ 전문가처럼 회의를 진행하려면 회의 내내 모든 참가자에게 할 일을 명확하게 배분해야 한다.

→ 원격근무를 하는 동안 창의성을 키우려면 달리기, 음악 감상과 같은 활동을 하거나 지속적인 업무 압박에서 벗어나 휴식을 취하는 것이 좋다.

**7장**

# 비대면
# 프레젠테이션을
# 수행하는 방법

나는 3년간 조지타운 대학교에서 프레젠테이션 기법과 스토리텔링을 가르쳤다. 그때는 비대면 프레젠테이션 기법을 간략하게 설명하고 넘어가는 수준이었다. 하지만 그 이후로 비대면 프레젠테이션 기법은 수업뿐만 아니라 나 자신에게도 훨씬 더 중요해졌다.

지난 몇 년 동안 나는 비대면 프레젠테이션을 100회 이상 수행했다. 몇몇 행사가 취소되었는데도 지난 30일 동안 비대면 프레젠테이션과 교육, 웨비나를 15회나 했다. 그 과정에서 사람들의 관심을 끌려고 준비한 이야기를 청중의 반응 없이 이어나가야 한다는 게 무엇보다 힘들었다. 발표자로서 청중의 반응을 보지 못한 채 그들과 소통하고 참여를 유도하기란 여간 힘든 일이 아니다.

이번 장에서는 효과적인 비대면 프레젠테이션의 기본 요소를 알아볼 것이다. 이 요소를 잘만 기억하면 언제든지 비대면 프레젠테이션을 완벽히 해낼 수 있을 것이다.


## 장비 및 공간 설정하기


적절한 비대면 프레젠테이션 공간을 준비하는 방법에 정답은 없다. 하지만 몇 가지 선택지와 실행 방법을 잘 알면 잘못된 프레젠테이션 공간 때문에 청중의 주의가 흐트러지는 일도 없을뿐더러 오히려 최선의 프레젠테이션을 할 수 있다.

장비 점검과 같은 기본적인 수준을 넘어서, 성공적인 프레젠테이션 준비에 꼭 필요한 요령을 살펴보자.

1. **눈높이를 맞춘다.** 컴퓨터를 책상 위, 정면에 둔 상태에서 얼굴이 화면에 나오려면 카메라 앵글이 위쪽을 향한다. 그러면 마치 다른 사람을 내려다보는 것처럼 보인다. 그러므로 컴퓨터 밑에 물건을 받쳐서 카메라가 눈높이에 오도록 한다. 이것만으로도 큰 차이가 생긴다.

2. **7가지 규칙을 따른다.** 우리가 5장에서 이야기했던 비대면 회의의 7가지 규칙은 참석자보다 발표자에게 훨씬 더 중요하다. 소리가 잘 전달되는지 확인하고 실수로 개인 정보를 공개하지 않도록 주의한다. 또 역광을 피하고 음소거 버튼을 잘 이용하는 등 7가지 규칙을 잘 따르도록 한다.

3. **전문 도구에 투자한다.** 비대면 프레젠테이션을 하는 빈도에 따라 좀 더 전문적인 도구를 설치하고 싶어질 수도 있다. 예를 들어 더 좋은 마이크를 사거나 카메라를 업그레이드할 수도 있고 실내 조명을 바꾸거나 배경을 깔끔하게 꾸밀 수도 있다.

4. **회의 모델과 참여 유도 전략을 숙지한다.** 5장에서 우리는 몇 가지 비대면 회의 모델과 함께 참여 유도 전략을 세우는 법을 살펴보았다. 프레젠테이션을 수행할 때는 이 2가지 요소를 고민해보고 명확한 실행 방법을 계획해야 한다.

## 효과적인 비대면 프레젠테이션을 위한 10가지 비법

내가 받았던 질문 중 가장 중요한 것은 비대면 프레젠테이션을 하려면 대면 프레젠테이션과는 다른 방법이 필요하냐는 질문이었다. 정답부터 말하자면 "그렇다"이다.

다음은 비대면 프레젠테이션에서만 생기는 문제를 해결하도록 도움을 줄 때 내가 가장 많이 이야기하는 비법이다.

### 비법 1: 짧게 준비한다

처음에 일반적인 45분짜리 기조 연설을 그대로 가상에 옮겼다. 하지만 잘되지 않았다. 가상공간에서는 주의를 집중시키기가 더 어려우므로 가장 강력한 요점으로 이야기를 시작하고 꼭 필요한 내용만을 전달하도록 최대한 짧게 구성하는 것이 좋다.

## 비법 2: 다양한 형식으로 준비한다

시각 자료와 소품, 비디오 등 다양한 도구를 섞어 사용할 수 있는가? 비대면 투표를 해보면 어떨까? 비대면 프레젠테이션의 좋은 점은 발표자가 다양한 기술 도구를 마음껏 사용하여 다양한 방식으로 청중의 참여를 유도할 수 있다는 것이다. 복잡한 기술도 있지만 프레젠테이션을 더 흥미롭고 기억에 남게 해주기 때문에 노력할 만한 가치가 있다. 아이디어 엔투지아스트Idea Enthusiast의 설립자 그레그 로스는 이렇게 말한다. "원격근무에서 가장 중요한 것은 시각적 사고력이 떨어진다는 것입니다. 그러므로 팀장은 스케치, (일화나 비유 등을 사용해) 시각적으로 이야기하기, 흥미로운 시각 자료 이용하기 등을 강조해야 합니다."[27]

## 비법 3: 에너지를 불어넣는다

눈앞에 청중이 없다면 프레젠테이션에 에너지를 불어넣기 위해 훨씬 더 많이 노력해야 한다. 그래야만 지루하지 않기 때문이다. 에너지를 불어넣는 쉬운 방법은 발표자가 스스로 몸을 움직이는 것이다. 일어서서 발표할 수도 있고, 힘들다면 적어도 손이나 팔로 제스처를 취하는 것이 좋다. 발표 태도에서 반드시 에너지가 드러나야 한다. 대개 자신이 에너지를 너무 과도하게 드러낸다고 느낄 때가 적당한 수준이다.

## 비법 4: 사람들을 보지 말고 카메라를 본다

비대면 회의를 하면 비대면 회의 방, 즉 화면에 나타난 사람들을 보면서 발표하고 싶을 것이다. 하지만 그렇게 하면 마치 옆쪽을 보고 발표하는 것처럼 보인다. 그러므로 프레젠테이션을 할 때는 카메라를 똑바로 바라본다. 청중을 바라보지 않는 게 어색할 수 있지만, 청중 입장에선 발표자가 카메라를 똑바로 보아야 자신을 바라보는 것처럼 보인다.

---

**살펴보기** 시선 맞추기

사람들의 눈을 보아야 합니다. 시선을 맞추는 연습을 하려면 메모지에 웃는 얼굴을 그린 다음 카메라 위쪽에 붙여놓으세요. 그러면 그 메모지 때문에 카메라 쪽을 바라보게 되고 본능적으로 그 미소를 따라 하게 됩니다. 자신이 화면에 어떻게 보이는지 확인하기보다 카메라에 집중하는 것이 더 중요합니다.[28]

··· 마크 보든, 인간 행동 전문가이자 보디랭귀지 전문가

---

## 방법 5: 수사 의문문은 생략한다

대답할 필요가 없는 질문을 하거나 뭔가에 해당하면 손을 들어보라는 요청은 가상 환경에서 아무 효과가 없다. 그런 질문을 받으면 사람들은 바보가 된 기분이 들고 당신을 시대에 뒤떨어진

사람으로 볼 뿐이다. 실시간 투표를 하는 것이 아니라면, 수사 의문문이든 아니든 질문은 생략하는 것이 좋다.

## 비법 6: 인간미를 더한다

어떻게 하면 이야기 안에 개성과 인간적인 면모를 담을 수 있을까? 가족 사진을 공유해도 좋다. 아니면 등 뒤로 보이는 홈 오피스를 보여주어도 좋다. 이야기 중간에 소품을 사용하는 것도 바람직하다. 어떤 식으로든 이야기 도중 좀 더 개인적인 모습을 드러내야 사람들은 당신과 유대감을 느낄 수 있다.

---

🔍 **살펴보기** 그린 스크린°

솔직히 나는 그린 스크린이 싫습니다. 그린 스크린은 마치 자신이 누구인지를 숨기려는 노력처럼 보여서 나를 더 외롭게 만들기때문입니다. 내가 그 사람을 잘 모른다는 사실을 깨달아서가 아니라, 그 사람이 나에게 자신의 모습을 보이지 않으려 한다는 것을 깨닫기 때문에 외로워집니다. 그린 스크린으로는 신뢰를 쌓을 수 없습니다.

나는 발표자의 책꽂이가 보고 싶고, 5킬로미터 달리기 메달 같은

---

• 화면 합성 등의 특수 효과를 위해 이용하는 배경을 말한다. 본래 크로마키chroma-key 라고 하는데, 초록색과 파란색을 흔히 사용하여 그린 스크린, 블루 스크린이라고도 한다. — 옮긴이

것을 보고 싶습니다. 그 사람이 키우는 강아지도 보고 싶습니다. 나는 그가 어떤 사람인지 보고 싶은 것입니다. 발표자가 인간적인 면을 보여주어야 나의 인간적인 면도 보여줄 수 있습니다.[29]

⋯ 로라 개스너 오팅, 《리미트리스》(책방율슘, 2020)의 저자

## 비법 7: 요점을 반복한다

비대면 프레젠테이션을 듣다 보면 나도 집중하지 못할 때가 많다. 내 프레젠테이션을 듣는 청중도 마찬가지일 것이다. 나는 비대면 프레젠테이션을 할 때, 대면 형식으로 할 때보다 더 자주 요점을 반복한다. 그래야 청중이 가장 중요한 부분을 놓치지 않기 때문이다. 그리고 사람들에게 언제든지 프레젠테이션 화면을 저장할 수 있으며 이메일로 발표에 사용한 슬라이드를 요청할 수 있다는 사실을 알린다.

## 비법 8: 텍스트를 더 많이 활용한다

비대면 프레젠테이션에서는 청중이 대부분 컴퓨터 화면 바로 앞에 앉아 있다. 평소 청중 앞에 서서 프레젠테이션할 때보다 텍스트가 많이 들어간 슬라이드를 이용할 좋은 기회이다. 물론 슬라이드 화면을 8포인트 글자로 채워야 한다는 말은 아니다. 하지만 프레젠테이션 슬라이드는 최소 24포인트 글자로 만들어야 한

다는 일반적 규칙은 깰 수 있다. 내용이 유익하다면, 스크린에 좀 더 많은 텍스트를 넣는 것은 흐름을 깨지 않고 요점을 반복할 수 있는 좋은 방법이다.

## 비법 9: 천천히 말한다(중간중간 말을 잠시 멈춘다)

프레젠테이션할 때는 누구나 말이 빨라지는 경향이 있다. 비대면 프레젠테이션에서는 그런 경우가 더 많다. 간단한 해결 방법은 말을 천천히 하는 것이다. 말하는 속도를 늦추기가 어렵다면 중간중간 말을 잠시 멈추면 훨씬 듣기 좋다.

---

🔍 **살펴보기** 멈춤

말을 천천히 하는 대신 잠시 멈추는 연습을 해보세요. 너무 천천히 말하면 듣는 사람은 졸릴 수도 있습니다. 저는 빨리 말하지만, 적절한 순간에 한 번씩 말을 멈추며 이야기합니다. 그러면 이야기에 리듬이 생기지요. 천천히 말하는 것이 연설에 정말 도움이 되는 순간에만 천천히 말합니다. 잠깐 멈추었다가 이야기하면 청중은 요점을 쉽게 이해할 수 있습니다.[30]

··· 마이클 포트, 히로익 퍼블릭 스피킹 Heroic Public Speaking의 설립자

---

**비법 10: 빠르게 후속 작업을 한다**

나중에 제공하기로 약속한 자료가 있으면 프레젠테이션 후에 반드시 공유해야 한다. 특히 비대면 프레젠테이션에서는 이에 대한 기대치가 높다. 청중은 이미 컴퓨터 앞에 앉아 있으니, 강연이 끝난 즉시 자료를 공유하는 게 좋다. 프레젠테이션이 끝난 후 자료가 자동 전송되도록 미리 설정해놓으면 더욱 좋다. 그러면 더 오랫동안 청중과 관계를 유지할 수 있을 것이다.

## 다채로운 프레젠테이션 준비하기

앞서 말했듯이 당신이 이야기하는 내용에 다양성을 더하면 최선의 비대면 프레젠테이션을 할 수 있다. 그렇다면 어떤 식으로 다양성을 더할 수 있을까? 프레젠테이션을 다채롭고 흥미롭게 만들 방법이 몇 가지 있다.

→ 카메라를 움직인다(아니면 몸을 움직인다).

→ 비디오 자료와 기타 시각 자료를 이용한다.

→ 투표, 설문 조사 등 상호작용을 이용한다.

→ 분위기 전환과 흥미 유발을 위해 게스트를 초대한다. 여기

서 창의성이 필요하다. 최근에 나는 가상 회의에 가축이 참석했다는 이야기도 읽어보았다.

→ 목적에 맞춰 가상 배경을 설정한다. 하지만 몸을 많이 움직이면 화면에서 배경과 몸이 분리될 수 있으므로 주의해야 한다.

비대면 프레젠테이션을 할 때는 대면으로 할 때보다 더 다양한 방법을 도입해야 한다. 중간중간에 전환점이 자주 필요하며, 요점을 반복해서 이야기하는 것이 좋다.

## 인상적인 프레젠테이션 수행하기

⋯ 글: 《뻔하지 않은 안내서: 기억에 남는 프레젠테이션 The Non-Obvious Guide to Memorable Presentations》의 저자, 카르멘 사이먼

수천 건이 넘는 업무 프레젠테이션의 준비와 발표를 도우면서, 나는 이상한 유행이 생겼다는 사실을 알아챘다. 청중을 위한다는 이유로 너무 적은 정보를 전달할 때가 있는가 하면, 너무 많은 정보를 여과 없이 쏟아놓는 것이다. 둘 다 내용을 기억하는 데 부정적인 영향을 주고 결국 의사 결정에도 악영향을 미친다. 이런 현상을 어떻게 바로잡아야 할까?

**비법 1: 간결해야 한다는 부담을 버린다**

간결함을 지나치게 강조하면 겉핥기로 끝나버리는 경우가 많다. "X라는 주제로 프레젠테이션을 해야 합니다. 슬라이드 3페이지 분량으로 해주세요." 누군가 이런 압박을 준다면 어떨까? 그건 정말 터무니없는 요구이다. "Y라는 주제에 대해 간단한 법칙 몇 가지를 알고 싶어요." 이런 요구를 들으면 실제 프레젠테이션에서 어떤 문제가 생길지 예상할 수 있다. 대단히 복잡한 분야도 있고 간단한 법칙이라는 것이 없는 분야도 있다.

나는 최근에 '3단계로 간단하게 우울증 극복하기'라는 프레젠테이션에 대해 들은 적이 있다. 우울증 극복이 그렇게 간단하면 우리는 항상 꽃을 한 아름 안고 사방을 기분 좋게 뛰어다닐 것이다.

내용이 복잡하고 상황에 따라 달라지는 주제가 많다. 그런 내용을 과도하게 단순화하지 말아야 한다. 또 설명에만 30분이 필요한 주제를 2분 안에 발표해달라는 말에 동의해서는 안 된다.

많은 사람이 간과하는 것이 있는데, 바로 다른 사람의 머릿속에 기억의 흔적을 남기려면 당신이 말하는 내용이 어느 정도 복잡성을 담고 있어야 한다는 사실이다. 우리 뇌는 복잡성에서 유출되지 않은 단순함은 인정하지 않는다. 게다가 발표 내용도 단순하게 만드느라 자꾸 맥이 끊겨서 집중하기 쉽지 않고, 결국 기억하기도 어렵다.

## 비법 2: 책임감을 지닌다

우리는 "고객이, 혹은 상사가 그렇게 하라고 해서" 복잡성을 버리고 겉핥기 수준에 머무른다. 이런 환경이 개인의 책임감을 갉아먹는다. 누구나 환경을 탓하고 싶을 수 있다. ("마케팅 부서에서 이렇게 해달라고 했어.") 그러면 책임에서 벗어날 수 있기 때문이다. 이런 피해 의식의 문제점은 우리가 환경을 통제할 수 없다는 생각에 점점 아무것도 하지 못하는 사람이 된다는 점이다. 강력하게 주장하건대, "아무려면 어때"라는 흐름에 편승하지 말아야 한다. 당신이 전달하고자 하는 메시지를 찾아내야 한다. 그리고 그것을 제대로 전달하는 데 필요한 시간은 타협해서는 안 된다.

## 비법 3: 생각과 실제 사이의 균형을 맞춘다

청중 앞에서 정보를 거의 전달하지 못하거나 너무 많은 정보를 쏟아내는 이유는 종종 너무 서두르기 때문이다. 고객과 상사의 재촉에 못 이겨 빠르게 발표를 진행해야 하고 그러다 보면 이야기의 균형과 타당성이 희생된다. 시간 제약 때문에 필요한 과정을 건너뛰고 지름길만 찾게 되는 것이다.

내용을 너무 빠르게 진행하면 진공청소기를 너무 빨리 움직이는 것과 같다. 결국 빨아들여야 할 것을 놓치게 된다.

다른 사람에게 내용을 전달하기 전에 당신의 생각을 이야기할 시간을 충분히 확보한 뒤 깊이 있는 내용으로 타당성과 신뢰성을 갖춰 발표를 준비한다. 이렇게 준비하여 표면적인 것이 아니라 의미 있는 것을 전달한다면 무엇보다도 값진 보상을 받는다. 바로 누군가의 기억에 남는 것이다.[31] •

⋯ 카르멘 사이먼 박사는 뇌과학을 이용해 세계 주요 브랜드가 기억할 만한 메시지를 만들도록 돕는 회사, 멤지Memzy의 설립자이다. 프레젠테이션을 하는 방법에 관한 책을 여러 권 썼다.

## 비대면 프레젠테이션으로 상품 판매하기

많은 사람이 가상으로 하기 가장 힘들다고 생각하는 것은 바로 판매를 위한 프레젠테이션이다. 청중의 피드백을 받을 수 없고 사람들의 감정을 파악할 수 없는 상황이 거래를 망친다. 그래서 판매 프레젠테이션은 어려울 수밖에 없다.

하지만 가상 프레젠테이션이 유일한 방법이라면 더 설득력 있

---

• 카르멘 사이먼이 쓴 책의 내용이 궁금하다면 다음 링크를 참조하라: www.nonobvious. com/guides/memorablepresentations

는 홍보를 위해 당신이 할 수 있는 방법이 몇 가지 있다.

1. **기본 원칙을 정한다.** 모든 사람이 당신이 사용하는 도구로 소통하는 방법을 알고 있다면 사람들과 상호작용을 할 수 있다. 잠재 고객에게 채팅 방법을 알려주어서 기술적 문제로 계약이 어려워지는 일이 없도록 한다.

2. **고객이 선호하는 포맷을 물어본다.** 당장 비대면 프레젠테이션을 시작해서 파워포인트 창을 열고 싶을 것이다. 하지만 그렇게 하면 잠재 고객에게 미리 받을 수 있는 중요한 정보를 잃게 된다. 우선 고객에게 회의가 어떤 식으로 진행되었으면 좋겠는지 물어보고 시작한다. 슬라이드 프레젠테이션을 선호하는가? 아니면 대화만 나누기를 원하는가? 고객에게 선택권을 주면 당신은 다양한 상황에도 유연하게 대처할 수 있으며 그들이 원하는 대로 맞춰줄 수 있다는 사실을 보여주는 것이다.

3. **가장 중요한 것부터 시작한다.** 직접 만나 프레젠테이션을 할 때는 준비한 많은 내용을 보여줄 수 있다. 하지만 비대면 회의에서는 각종 방해 요인이나 고객의 집중력 저하와 같은 위험을 감수해야 한다. 그러므로 상품을 한눈에 알 수 있는 설명과 설득력 있는 메시지를 준비하여 맨 처음에 이야기한다. 그런 식으로 먼저 판단할 기회를 주면(정신적으로 혹은 신체적

으로), 고객은 상품의 장점을 놓치지 않을 것이다.

4. **더 나은 미래상을 제시한다.** 가장 좋은 판매 프레젠테이션은 설득력 있는 미래상을 제시하는 것이다. 프레젠테이션하는 동안 미래를 그려볼 수 있을 정도로 인상적인 이야기를 들려주고, 그것을 들은 고객이 그 미래를 머릿속에 그려볼 수 있다면 성공 가능성이 훨씬 커진다.

5. **장비를 탓하지 않는다.** 상황이 뜻대로 돌아가지 않으면 기술적 문제를 탓하거나 변명을 하기 쉽다. 그러지 말고 발생할 수 있는 문제에 대해 사전 준비를 하고 문제가 생겼을 때는 긍정적인 태도로 자신감 있게 문제를 해결한다.

---

**살펴보기** 화면 공유

판매 팀은 판매 프레젠테이션을 준비하고 그것을 고객에게 일일이 전달하느라 많은 시간을 보낼 것입니다. 하지만 화면 공유를 이용하면 그런 고생을 하지 않아도 됩니다.

화면 공유를 하면 회의에 참여한 사람들이 함께 문서를 볼 수 있습니다. 멀티미디어를 이용하면 판촉에 활력을 불어넣을 수도 있습니다. 또 화면 공유를 통해 그래픽 자료를 살펴보면 밋밋하기만 했던 과거의 프레젠테이션보다 더 뚜렷하게 수치들을 보여주고 장점을 더 잘 드러낼 수 있습니다.[32]

⋯ 협업 앱 웹엑스 팀즈 Webex Teams

# 비대면 프레젠테이션에서 사과를 금하는 이유

···· 글: 카르멘 사이먼

나는 한 회의에서 이런 말로 시작하는 발표자를 본 적이 있다. "점심시간 직전에 프레젠테이션을 해서 죄송합니다."

사과하는 순간 당신은 청중에게 양해를 부탁하는 것이고, 그와 동시에 형편없는 프레젠테이션을 예고하는 셈이다. 게다가 신뢰성을 보여줄 기회도 없이 스스로 신뢰를 무너뜨리는 격이다. 뇌는 중간 과정보다는 처음과 끝을 더 잘 기억한다는 점을 고려하면 청중은 아마 당신을 좋지 않게 기억할 것이다.

프레젠테이션 전에 절대 사과하지 않는다.

"회의 프로그램이 느려서 죄송합니다", "늦게 시작해서 죄송합니다", "슬라이드 글자가 너무 작아서 죄송합니다"와 같은 말은 피해야 한다. 그러지 않으면 청중은 당신의 프레젠테이션에서 그 문제만 기억하게 될 것이다.

그렇다면 시작이 조금 늦어지고 회의 프로그램에 문제가 생긴 데다가 슬라이드도 엉망이라면 어떻게 할까? 그럴 땐 문제를 간단히 언급한 뒤, 사람들이 기억해주길 바라는 내용과 결부하여 이야기를 진행한다. 예컨대 누군가가 당신에게 발표에 사용하라고 준 슬라이드가 정말 복잡하고 글자도 많다고 가정해보자. 그러면 이런 식으로 말할 수 있다. "복잡한 슬라이드를 보니 이 제품에 정말 많은 기능과 장점이 있다는 사실을 새삼 깨닫게 됩니다."(빠르게 다음 슬라이드로 넘어간다.) 모든 슬라이드가 그렇다면 프로젝터를 끄고 청중과 대화를 이어가도록 한다.

또 프레젠테이션을 시작할 때 자신 없는 표현을 하지 않도록 조심한다. "제 말이 잘 들리나요?", "슬라이드 잘 보이세요?", "음, 어디서부터 시작하면 좋을까요?" 이런 말은 당신이 사람들의 기억 속에 남기고 싶은 내용을 제대로 전달하지 못한다.

**간결하게 마무리하고 주제와 연관 지을 수 있다면 다소의 자기 비하적 농담을 해도 괜찮다. 하지만 단지 재미를 위해 그런 농담을 하는 것은 피해야 한다.**

프레젠테이션에서 스스로를 비난하지 말아야 한다. "제가 익숙지 않아서…"라든가 "이 슬라이드가 여기 있었네요"와 같은 말은 절대 해서는 안 된다. 자신을 비난하면 당신에 대한 신뢰가 무너지고 프레젠테이션은 힘을 잃으며 청중도 불편해진다.

이런 이야기로 시작하는 프레젠테이션을 가정해보자. "전에는 제 몸이 풋볼 선수 같다고 생각했는데 요즘 보니 판타지 풋볼(가상 풋볼 게임) 선수의 몸이 되었습니다. 우리 소프트웨어를 개발할 때 주목한 점도 바로 이것입니다. 우리는 때때로 판타지에 사로

2부 ⋯ 비대면 회의 (125)

잡혀 판단력이 흐려집니다. 그래서 판타지 요소를 줄이는 방법을 추천하고자 합니다…"

주제를 이야기할 때, 청중이 참을성과 이해심을 갖고 들어야 하는 흔한 도입 문구는 사용을 지양한다. "제가 이 분야의 전문가는 아니지만…", "제가 최고 경영자는 아니지만…" 이런 문구를 들으면 청중은 발표가 별로 좋지 않을 것이라고 예상하면서, 도대체 무슨 말을 하려는 것인지 따지고 싶어진다.

전반적으로, 도입부의 역할은 우리 뇌가 앞으로 나올 이야기에 대비하게 하는 것이다.

대비한다는 것은 어떤 자극을 이용하여 우리 뇌가 그다음 자극을 받아들일 준비를 시키는 것이다. 도입부가 약하면 뇌가 제대로 대비하지 못하므로, 프레젠테이션이 전개될수록 다음 내용을 받아들이기 위해 더 많이 노력해야 한다. 이와 달리 도입부가 강력하면 대비도 튼튼히 할 수 있다. 그리고 청중의 뇌가 앞으로 나올 이야기에 잘 대비하고 있어야 발표자도 프레젠테이션 내내 힘들이지 않고 원하는 바를 전달할 수 있다.

주제와 주제를 뒷받침하는 내용이 끈끈하게 연결되어 있으면 당신은 힘들이지 않아도 계속해서 사람들의 기억에 남을 것이다.[33]

→ 비대면 프레젠테이션을 할 때 다음 요령만 지켜도 화면에 보이는 모습과 소리를 개선할 수 있다: 창문을 마주하고 앉는다, 고성능 마이크를 준비한다, 카메라를 눈높이에 맞춘다.

→ 비대면 프레젠테이션에서 청중을 주목시키는 방법으로 짧게 말하기, 다양한 형식 이용하기, 시선 맞추기, 에너지 불어넣기가 있다.

→ 비대면 프레젠테이션으로 효과적인 판매를 하려면 기본 원칙을 정하고, 고객이 원하는 포맷을 먼저 물어보아야 하며 더 나은 미래상을 제시해야 한다.

→ 다소 자기 비하적 유머를 사용하고, 함부로 사과하지 않으며, 주제와 그 주제를 뒷받침하는 내용을 명확히 연결하면 비대면 프레젠테이션의 신뢰성을 최대치로 높일 수 있다.

🔴 제8장

**가상 이벤트,
비대면 연수,
웨비나**

팀원이나 동료끼리 하는 비대면 회의를 넘어, 점차 다양한 가상 (비대면) 이벤트가 열리고 있다.

이번 장에서는 점점 확대되는 가상 이벤트의 세계에서 이벤트에 참여하거나 직접 이벤트를 만들 때 자기에게 맞는 길을 찾는 방법을 알아보자.

## 가상 이벤트의 정의

가상 이벤트란 회의 이외에 동기 부여, 교육, 정보 전달, 참여를 목적으로 한 모든 비대면 모임을 말한다. 원격 연수, 웨비나와 같은 온라인 교육, 원거리 학습, 아바타와 가상 현실 시뮬레이션 시스템을 갖춘 대규모 가상 콘퍼런스도 모두 가상 이벤트에 포함된다.

우리가 자주 보게 될 가상 이벤트는 하이브리드 이벤트hybrid event 이다. 하이브리드 이벤트에서는 대면 방식과 비대면 방식을 혼합하여 진행한다. 이런 종류의 이벤트는 전체 이벤트가 끝난 뒤, 대면 방식으로 참여하고 싶은 이벤트는 어떤 것이고 가상 참여로 만족한 이벤트는 어떤 것인지 다시 평가하기 때문에 점점 더 발전할 수 있다.

## 비대면 활동 6가지와 그 활용 방법

| | |
|---|---|
| 비대면 활동 6가지 | 1. 온라인 연수/마스터 클래스<br>2. 웨비나<br>3. 가상 회의실<br>4. 가상 콘퍼런스/무역 박람회/엑스포<br>5. 증강현실(AR)<br>6. 가상현실(VR) |

비대면 회의와 프레젠테이션에 대해서는 앞서 설명했으므로 이제 앞으로 경험할 수 있는 다른 형태의 가상 활동을 살펴보자.

→ **온라인 연수/마스터 클래스**: 이것은 보통 새로운 주제를 학습하는 데 도움이 되는 맞춤식 프로그램이다. 코딩과 같은 기술을 가르치는 것부터 기타 연주법 레슨에 이르기까지 어떤 주제든 가능하다. 요청이 있을 때마다 교육을 제공해야 한다면 이것을 이용하라.

→ **웨비나**: 일반적으로 온라인 연수와 유사하게 진행되는 웨비나는 보통 실시간으로 이루어지며 다시 볼 수 있도록 녹화된다. 실시간으로 진행되기 때문에 연설자와 참가자가 함께, 또는 참가자끼리 토론을 하거나 질의응답을 하는 시

간이 포함되는 경우가 많다. 새로 나온 상품이나 서비스를 알릴 때, 또는 실시간으로 청중과 사고 리더십˚을 공유하고 싶을 때 사용하면 좋다.

→ **가상 회의실**: 가상 회의실이란 가상공간에서 팀원을 모아, 사업의 핵심 안건이나 전략을 논의하는 활동이다. 적당한 통합 협업 방식을 마련하여 모든 팀원이 자신의 관점을 자유롭게 제시할 수 있도록 하는 것이 이 활동의 성공 열쇠이다. 팀원을 모아 필요한 계획을 세우거나 주요 안건을 논의해야 하지만 모든 팀원이 한자리에 모이기 어려울 때 사용하면 좋다.

→ **가상 콘퍼런스/무역 박람회/엑스포**: 이런 이벤트의 일차적 목표는 특정 사업 분야에서 판매자와 구매자를 연결하거나 전문가 견해를 공유하는 것이다. 참가자가 각자 아바타를 이용해 삼차원 공간을 자유자재로 누비는 등 매우 활발한 쌍방향 소통이 이루어지기도 한다. 대면 이벤트 개최에 필요한 비용, 노력, 시간을 들이지 않고도 판매자와 구매자가 한자리에 모일 수 있다.

→ **증강현실(AR)**: 증강현실을 간단히 설명하면 우리가 실제 세계에서 보는 것들 위에 그래픽, 애니메이션, 텍스트 등을

---

˚ 전문적 식견이나 혁신적 사고로 업계에 지적 영향력을 미치는 리더십을 일컫는다. — 옮긴이

덧씌우는 기술이라고 할 수 있다. 휴대전화의 카메라를 어떤 코드나 특정 장소에 갖다 댈 때 화면에 "나타나는" 것들도 일종의 증강현실이다. 모두가 같은 공간에 있어도 카메라를 통해 서로 다른 장면에 몰입하여 활동할 수 있다.

→ **가상현실(VR)**: 가상현실을 이용해 할 수 있는 경험의 종류가 빠르게 증가하고 있다. 현재 가상현실을 체험하려면 헤드셋을 써야 한다. 평면적인 가상현실도 있지만 센서를 이용해 360도로 가상현실을 체험할 수도 있다. 당신이 직접 새로운 가상현실 활동을 만들 수도 있고, 이미 만들어진 가상현실을 이용해 청중을 다른 세계로 이끌어 인상적인 경험을 선사할 수 있다.

## 비대면 이벤트 만들기

⋯→ 글: 《뻔하지 않은 안내서: 이벤트 플래닝 Non-Obvious Guide to Event Planning》의 저자, 안드레아 드리센

삶의 상당 부분이 온라인으로 이루어지는 상황에서, 비대면 이벤트 또는 하이브리드 이벤트는 실제로 이용자가 원하는 것을 제공함으로써 수많은 이벤트 사이에서 경쟁력을 가져야 한다. 경쟁력

있는 이벤트를 만드는 몇 가지 비법을 소개하겠다.

### 비법 1: 재미있는 내용을 미리 배포한다

비대면 이벤트를 홍보할 때 콘텐츠가 한눈에 보이도록 소개하는 티저를 공개한다. 그렇게 하면 이벤트 내용을 확인할 기회도 될뿐더러 특별한 이벤트라는 인상을 준다. 결국 등록자는 당신의 이벤트가 언제 열리는지 알게 될 뿐만 아니라 거기에 참석하고 싶은 이유가 생긴다.

### 비법 2: 플랫폼보다 콘텐츠를 먼저 계획한다

우선 이야기하고 싶은 콘텐츠를 결정한 다음 그 콘텐츠를 전달하는 데 적절한 기술 플랫폼을 선택한다.

### 비법 3: 가장 좋은 내용으로 이벤트를 시작한다

이벤트 날에는 준비한 내용 중 가장 완성도 높고, 매력적이며 세심하게 기획한 것으로 시작해야 최대한 주의를 집중시킬 수 있다. 당신이 가진 가장 흥미로운 아이디어로 바로 들어가라. 스폰서와 관련된 언급을 하거나 온갖 감사의 말로 시작해서는 절대 안 된다. 그 프로그램을 기록해두면 최고의 콘텐츠를 담은 첫 이벤트 장면은 다음 이벤트를 위한 홍보 티저로 사용될 수 있다(당신이 얼마나 좋은 것을 놓쳤는지 보이는가!).

## 비법 4: 소극성을 적극성으로 탈바꿈한다

쌍방향 활동을 추진할 계획이 없다면 온라인 이벤트로 전환하는 것을 고려할 필요가 있다. 당신의 '경험'은 이메일로 전달하는 편이 한층 간단하고 더 적절하다. 단순히 채팅창으로 대화를 나누는 수준을 넘어서 콘텐츠 안에 다양한 쌍방향 활동을 넣어서 참여를 유도해야 한다.

이벤트 전후로, 혹은 이벤트 도중에 퀴즈나 콘테스트를 준비해보는 것도 좋다. 투표나 질의응답 시간을 마련하고 화이트보드 공동 작업도 준비한다. 그리고 발표자가 화면에 직접 강조 표시를 하고 그림도 그려 넣을 수 있는 플랫폼을 선택한다. 음악과 비디오도 활용한다. 마지막에는 청중의 기억에 남을 수 있게 함축적으로 내용을 요약한 뒤, 미리 준비한 멘트로 깔끔하게 이벤트를 마무리한다.

## 비법 5: 짧은 편이 낫다

당신이 내용을 간결하게 준비해야 한다는 걸 잊지 않으면 참가자들은 당신의 이벤트에서 더 많은 것을 기억하게 될 것이다. 온라인 회의, 혹은 회의의 세부 일정은 30분 이내로 짧게 끝내는 것이 가장 좋다. 2~3가지 중요한 메시지와 요점을 전달하는 데 초점을 맞춘다. 그리고 다른 세부 내용은 그런 요점을 뒷받침하도록 구성한다.

### 비법 6: 남아 있는 온기를 이용한다

비대면 및 하이브리드 이벤트가 끝나면 소규모의 온라인 모임을 열어서 참가자가 네트워크를 통해 계속해서 연결을 유지하고 학습하며 책임감을 키우도록 한다. 그러면 시간이 지나면서 서로의 관계가 돈독해져서 오프라인 이벤트의 참석률도 좋아진다.

### 비법 7: 데이터를 바탕으로 성과를 낸다

비대면 이벤트가 가진 장점은 참석률, 참석 유지율, 당신이 만든 가장 인기 있는 콘텐츠 등을 쉽게 확인할 수 있다는 것이다. 풍성한 투자 수익률 자료를 활용하면 주주에게 이벤트의 가치를 증명할 수 있고, 시간이 흐르면서 눈에 보이는 성과를 낼 수 있다.

### 비법 8: 더 큰 수익을 창출한다

알차게 준비한 비대면 회의를 녹화하여 신규 채용자 교육, 소셜 미디어 포스팅, 스폰서 획득, 개인 블로그, 다음 이벤트를 홍

보하기 위한 시즐 릴sizzle reels ˚ 등에 다시 사용할 수 있다.˚˚

⋯ 안드레아 드리센은 노 모어 보링 미팅No More Boring Meetings(지루한 회의 퇴치)의 설

립자이자 이사이다.


## 비대면 회의의 발표자 정하기


⋯ 글: 안드레아 드리센

대면 회의든 비대면 회의든, 발표자는 진정성이 있고 사람들이
신뢰할 수 있으며 자신감을 가진 사람이어야 한다. 하지만 안타
깝게도 이런 자질은 실제 청중이 없는 비대면 회의에서는 보여주
기 어렵다.

실제 회의 공간에서는 청중과 주고받는 에너지, 시선, 열정, 그
리고 분위기의 변화와 피드백과 같은 것이 존재하지만 가상 이벤
트에는 그런 것이 없다. 온라인 발표자를 오프라인 발표자와 다
른 방식으로 평가하고 선택해야 하는 이유가 바로 이것이다.

비대면 환경에서 넘치는 에너지로 이야기를 전달할 발표자를

---

* 제품이나 서비스를 홍보하기 위해 만든 짧은 비디오를 말한다. 플래시 비디오 포맷
  으로 만드는 경우가 많다.
** 안드레아 드리센이 쓴 책의 내용이 궁금하다면 다음 링크를 참조하라: www.nonobvious.
  com/guides/eventplanning

찾기 위해 여러 후보자를 평가할 때, 다음 4가지 질문에 답해보면 도움이 될 것이다.

### 질문 1: 제4의 벽*을 깰 수 있는 사람인가?

비대면 발표 코치인 디아 본디의 말에 따르면 좋은 발표자는 카메라를 직시하여 사람들과 관계를 쌓는다. 발표자 대부분에게 이런 행동이 낯설게 느껴지겠지만 이것은 훈련하면 누구나 할 수 있는 기술이다. 실제 청중과 달리 카메라는 피드백을 하지 않는다. 발표자는 상대방을 직접 볼 수 없는 상태에서도 그들과 관계를 발전시키는 법을 배워야 한다.

### 질문 2: 에너지를 충분히 표출하는가?

일반적인 사람들보다 목소리 음역이 넓고 억양 변화가 뚜렷한 발표자를 찾는다. 단조로운 목소리는 회의를 망칠 수 있는데 온라인에서는 주의 지속 시간이 매우 짧기 때문이다.

### 질문 3: 다양성이 있는가?

발표자는 가득 쌓인 지루한 데이터를 다양한 일상 언어로 바꾸

---

* 무대와 관객 사이를 떼어놓는, 보이지 않는 수직면 또는 공간을 말한다. — 옮긴이

기 위해 음악, 질의응답, 퀴즈, 관련 이야기, 투표, 읽기 쉽고 우아한 슬라이드를 이용해야 한다.

### 질문 4: 사전 준비에 참여할 수 있는가?

발표자가 사전 교육과 더불어 모든 장비를 활용하여 실제 이벤트와 똑같이 해보는 리허설에 참여할 수 있는지 확인한다. 리허설 때는 대면 회의에서와 마찬가지로 장비의 상태까지 철저하게 점검해야 한다.

## 함께하는 비대면 활동 준비를 위한 3가지 비법

···· 글: 제이 배어

대면 이벤트와 마찬가지로 아주 멋진 비대면 이벤트가 될지 그저 그런 것이 될지를 결정하는 일반적인 비법이 몇 가지 있다.

### 비법 1: 이벤트 시간을 짧게 잡는다

비대면 이벤트에서는 청중의 관심을 유지하기가 훨씬 더 어렵다. 그래서 우리는 "웨비나인Webinine"(9분짜리 웨비나)이라는 개념을 만들었다. 그리고 웨비나인의 청중 참석률이 훨씬 높았다.

모든 이벤트를 9분 길이에 맞춰야 하는 것은 아니지만 대면 이벤트에서 사용하던 진행 시간 단위를 비대면 환경에서는 15~30분 정도로 줄이는 것이 좋다.

### 비법 2: 이벤트 제목과 설명으로 강렬한 인상을 남긴다

오프라인에서는 콘퍼런스 참가자들이 어떤 하위 이벤트에 참석할지를 결정할 때 다른 참가자의 입소문을 듣고 결정하는 경우가 많다. 하지만 가상 콘퍼런스는 이런 상호작용이 없으므로 참가자가 참여할 이벤트를 결정할 만한 정보가 부족하다.

그러므로 당신의 가상 콘퍼런스 프로그램에 회의 제목과 설명을 명확하고 흥미롭게 쓰는 것이 대단히 중요하다.

### 비법 3: 중재자나 사회자가 필요하다

오프라인 이벤트에서 중재자나 사회자는 발표가 이루어진 내용을 정리하고 이벤트에 활력을 불어넣는 역할을 한다.

하지만 비대면 이벤트에서 여러 가상 회의를 "아우르는" 한결같은 얼굴과 목소리는, 가상 환경에 꼭 필요한 친숙함을 더해주는 동시에 온라인 이벤트가 유발할 수 있는 고립감을 어느 정도 해소해준다.

사회자는 온라인에서 콘퍼런스의 문을 연 다음, 발표자가 이야기하는 동안 참가자의 질문을 분류하거나 필요한 답을 해주고 회의가 종료되면 다음 회의가 시작되기 전까지 참가자와 온라인으로 대화를 하는 것이 가장 좋은 진행 방식이다.[34]

⋯ 제이 배어는 컨빈스 앤 컨버트Convince & Convert 설립자이자 베스트셀러 작가이다.

## 뻔하지 않은 비대면 활동 아이디어

가상 이벤트 분야는 계속 변화하고 있다. 특히 코로나19 팬데믹 이후로 더욱 실험적인 가상 이벤트를 시도하는 기업이 늘어났다. 소매 판매, 패션, 소비자 트렌드를 추적하는 인사이트 플랫폼, PSFK의 연구진이 만든 "이-벤트eVents" 모음을 살펴보면서, 가상 이벤트 분야가 앞으로 어떻게 변화할지도 생각해보자.

→ **레디-플레이어 플랫폼** : 현재 사용하는 비디오 포털과 화상 회의 기술을 이을 미래의 스포츠, 게임, 소셜 플랫폼을 생각해본다.

→ **영향력을 가진 인물 초청** : 소셜 미디어에서 영향력 있는 인물을 초대해서 당신의 이벤트 무대나 다른 이벤트에서 발표한 콘텐츠를 녹화한 후 온라인에 공유한다.

→ **내부자의 보도**: 이벤트에서 직원이 리포터 역할을 하는 콘텐츠를 제작하고 공유한다.

→ **다량의 정보 제공**: 많은 정보와 통계 자료를 이용해 실시간 시청 활동을 확대하거나 휴대전화, 태블릿 컴퓨터를 이용한 시청 활동을 제공한다.

→ **즉석 창작 작업**: 청중이 가상 이벤트에서 했던 교육 활동을 이어나갈 프로그램을 만든다. 참석자는 글, 비디오, 오디오 콘텐츠를 직접 작성하여 클릭 한 번으로 보낼 수 있다.

→ **가상현실 속으로**: 가상 이벤트에서 참가자가 이벤트 안으로 들어가 어디든 '앉을 수 있게' 허용한다. 심지어 무대 위도 좋다. 이스포츠e-sports에서는 이미 팬이 다양한 방향에서 게임을 볼 수 있는 옵션이 있다. 그 게임 현장 안에 들어가서 볼 수도 있다.

→ **데이터를 이용한 관계 형성**: 청중의 프로필을 비교하여 성향이 비슷한 사람들끼리 연결해준다. 이런 접근을 활용하면 스폰서가 적절한 참가자를 정확히 찾아내어 소통할 수 있다.

→ **가상 이벤트 단체 관람**: 비대면 회의와 대면 회의를 합친 새로운 모임을 만들어 사람들이 당신의 가상 이벤트를 함께 볼 수 있게 한다. 이런 모임을 통해 참가자는 함께 콘텐츠를 학습하고, 학습한 내용을 더 발전시킬 수 있다.

→ **팀별 도전 과제**: 청중과 발표자를 나누어 여러 개의 가상 팀을 만든다. 그리고 이벤트가 진행되는 동안 팀별로 해야 할 일과 도전 과제를 정해준다.

→ **청중의 활동 유도**: 주요 이벤트 사이에, 혹은 이벤트 도중에 다양한 활동이 필요한 콘텐츠를 배치하여 청중을 참여시키고 동기를 부여한다. 콘테스트를 열거나 가상 게임을 해도 좋다. 심지어 노래방도 이용할 수 있다!

→ **참가자 배경화면 꾸미기**: 참가자에게 자기만의 가상 배경화면을 만들어보는 콘텐츠를 제공한다. 그 콘텐츠로 회사 로고가 포함된 가상 배경화면을 제작하여 화상 회의에서 사용하게 한다. 훌륭한 배경화면을 선정하여 기념품과 같은 것을 선물해도 좋다.

→ **물건 판매**: 사람들이 당신으로부터 뭔가를 사게 한다. 실제 물건도 좋고 가상의 물건도 좋다. 성공적인 실시간 스트리밍* 회사 중에는 전자 상거래 소매업을 함께하는 회사도 있다.

→ **선물 교환**: 참가자가 연설자, 이벤트 주최자, 다른 참가자에게 금전적인 선물이나 교환권을 줄 수 있는 시스템을 준비한다.[35]

---

* 인터넷을 통해 실시간 비디오를 청중에게 방송하는 것이다. — 옮긴이

→ 이벤트는 점차 대면 회의와 비대면 회의가 혼합된 형태가 되고 있다. 이것을 하이브리드 이벤트라고 한다.

→ 가장 일반적인 가상 이벤트 및 가상 활동의 형식은 웨비나, 온라인 교육과 마스터 클래스, 가상 회의실, 가상 전시실, 가상 무역 박람회, 증강현실, 가상현실이다.

→ 가상 이벤트에서 사람들의 참여를 늘리려면 각각의 이벤트 시간을 짧게 잡아야 한다. 또 참가자에게 강렬한 인상을 남길 수 있는 이벤트 제목과 소개 글을 준비해야 한다. 그리고 이벤트 중에는 상황을 설명할 수 있는 중재자나 사회자를 배치한다.

→ 가상 이벤트의 발표자를 선정할 때는 발표자가 이벤트에 맞는 에너지를 보여줄 수 있는지, 그리고 다양한 방식으로 청중의 참여를 이끌 수 있는지 살펴보아야 한다.

3부

# 비대면 협업

Working Remotely

9장

비대면 의사소통
기술

우리가 이메일이나 메신저를 얼마나 자주 사용하는지 생각해보면 우리는 모두 비대면(가상) 의사소통 전문가여야 할 듯하다. 하지만 가상소통은 열심히 하면서도 정작 비대면 의사소통 방법에 대해 교육을 받은 적이 거의 없다.

이번 장에서는 비대면 소통을 할 때 사람들이 가장 흔히 저지르는 실수와 그것을 고치는 방법을 살펴보겠다. 또 한 번도 만난 적 없는 사람들과 협업하는 법, 디지털 보디랭귀지˚ 활용법과 함께 디지털 도구 때문에 생기는 지나친 소통을 피하는 법도 알아보자.

## 비대면 협업이 어려운 이유

MIT 미디어 연구소MIT Media Lab를 방문했을 때 실시간 비디오 화면 앞에 놓인 빈 의자를 본 적이 있다. 그 비디오 화면은 아일랜드에 있는 미디어 연구소의 유럽 지부와 연결되어 있었다. 실시간 비디오는 바다 건너에 있는 동료와 실시간 협업도 가능케 했다. 누구든 그 의자에 앉으면 반대편에 있는 사람을 보며 대화할

---

˚  디지털 대화에서 말 이외의 요소를 가리키는 말로서, 사람들이 디지털 도구를 사용할 때 하는 행동을 보고 그 사람에 대해 미루어 짐작할 수 있는 것들을 가리키기도 한다.

수 있었다. 정말 멋진 일이다. 하지만 안타깝게도, 그 의자는 보통 비어 있다고 한다.

**기술 장비가 있다고 해서 세상이 마법처럼 연결되지 않는다.**

사실 기술이 연결을 방해하는 일이 더 많다. 기술을 이용한 상호작용은 혼란스럽거나 인위적으로 느껴지기 때문이다.

©marketoonist.com

어떻게 하면 기술적 문제를 극복해서 직접 만나지 않고도 성공적인 협업을 할 수 있을까? 가장 중요한 것은 우리에게 어떤 의사소통 방식이 필요한지 생각해보고 그것에 초점을 맞추는 것이다.

## 나의 팀에 적합한 기대치 설정하기

누군가와 비대면 소통을 하는 일반적인 방법으로 2가지를 들 수 있다. 바로 동기식 의사소통 *과 비동기식 의사소통 ** 이다.

예를 들면 동기식 의사소통은 누군가와 전화 통화를 하거나 가상 회의에서 실시간으로 대화하는 것이고, 이메일을 주고받는 것은 비동기식 의사소통이다.

구분이 아주 명확해 보이지만, 문제는 비대면 의사소통 방법 중에는 정확히 어디에 속하는지 판단하기 어려운 것이 많다는 점이다. 예컨대 문자 메시지를 생각해보자.

**문자 메시지에 대한 대답은 얼마나 기다려야 할까? 10초? 5분?**

이 질문에 대한 당신의 대답과 동료의 대답은 다를 수 있다. 그리고 그 차이가 오해와 갈등의 씨앗이 될 수 있다.

---

* 　실시간으로 하는 모든 의사소통 방식이다(예: 전화 통화, 만나서 나누는 대화).
** 　실시간으로 이루어지지 않는 의사소통 방식으로 메시지 사이에 시간차가 존재한다(예: 이메일).

우리는 모든 의사소통을 비동기식으로 합니다. 그 때문에 우리는 하루 또는 일주일 계획을 미리 세울 수 있습니다. 그리고 그 덕분에 생산성이 높아집니다. 팀으로 일할 때 이런 분위기가 바탕이 되어야 더 빠르게 업무를 수행할 수 있습니다. 아무도 당신을 방해하지 않을 것입니다.

나는 팀을 이루어 일할 때도, 묵묵히 흐름을 이어가면서 몰입적 업무를 하는 것이 단지 급한 불을 끄는 데 매달리는 것보다 훨씬 더 중요하다고 생각합니다.[36]

⋯→ 일마 노세다이트, 메일러라이트 MailerLite의 최고 운영 책임자

하지만 다행히도 이런 문제를 해결하고 서로에 대한 소통 기대치를 알맞게 설정할 수 있는 방법이 몇 가지 있다.

## 비법 1: 업무 문화 가이드라인을 정한다

갈등을 예방할 수 있는 가장 좋은 방법은 업무 팀의 리더가 그 팀의 비대면 업무 문화를 명확히 규정하는 것이다. 표준 근무 시간은 몇 시간인가? 주말에 팀원이 이메일을 확인하고 답을 해야 하는가? 사람들은 직장이 자신에게 바라는 업무 기대치가 어느 정도인지 잘 모를 때, 스스로 자기의 기대치를 정한다. 가이드라인이 있으면 업무에 대한 일반적인 기대치를 모두가 쉽게 이해할 수 있다.

원격근무자도 사람이라는 사실을 기억하세요. 원격근무자도 다른 팀원과 똑같이 배려해주어야 합니다. 그래서 원격근무자가 각자의 역량을 최대한 발휘한다면 그 팀은 재능 있는 직원으로 가득 차게 될 것입니다. 파자마 바람으로 있을 때 자기 역량을 최대한 발휘하여 업무를 처리하는 사람이 많습니다. 파자마 법칙은 간단합니다. 사람들에게 파자마 입고 있는 시간을 허용하는 만큼 성공 가능성이 커진다는 뜻이지요. 저는 파자마 법칙의 수혜자이자 시행자로서 늘 파자마 법칙과 함께하고 있습니다.[37]

⋯⋯ 다르메시 샤, 허브스팟 HubSpot의 최고 기술 책임자

## 비법 2: 팀원이 당신의 행동을 예상할 수 있게 한다

팀의 일반적인 기대치와는 별개로 당신의 의사소통 방식을 팀원이 익힐 수 있게 해야 한다. 요청에 응답하거나 비대면 의사소통에 참여하는 속도를 보고 팀원은 당신에 대한 기대치를 설정한다. 회의 요청에 즉시 동의하는가? 언제나 전화를 받는가? 밤 11시에도 이메일에 답하는가?

어떤 행동을 하든 바로 그 행동이 자신에 대한 기대치를 갱신한다는 사실을 항상 기억하라.

**비법 3: 접수 통지 먼저, 구체적 회신은 나중에**

나의 팀과 고객의 기대치 관리를 위해 내가 사용하는 방법은 즉시 응답하는 것이다. 나는 이메일이나 요청서를 받으면 먼저 받았다는 사실을 알리면서 곧 그 내용에 대한 답을 하겠다는 말을 남긴다. 이것은 오프라인과 온라인에서 모두 좋은 방법이다. 이렇게 하면 사람들은 자기가 보낸 메시지가 잘 전달되었다는 사실을 빠르게 확인할 수 있다. 그리고 나는 하던 일을 멈추고 사람들의 요청을 즉시 처리해야 하는 부담을 덜게 된다. 그뿐만 아니라 즉각적으로 일을 처리해주는 사람이라는 기대를 자연스럽게 피할 수 있다.

## 디지털 보디랭귀지

···› 글: 에리카 다완

디지털 보디랭귀지는 디지털 대화에서 새로 등장한 암시와 신호 등을 말한다. 우리는 사람들과 만나서 대화할 때 보디랭귀지로 이루어지는 의사소통이 상당히 많다는 사실을 알고 있다. 하지만 이제 상황이 바뀌었다. 비대면 팀에서 일하는 경우가 많아진 것이다.

우리는 '가상현실' 속 새로운 암시와 신호를 이해하는가? 나는 사람들이 자신만의 디지털 방식을 습득하는 데 필요한 몇 가지 지침을 만들었다. 그중 하나는 타이밍이 가장 중요하다는 것이다.

24시간 내내 응답하는 사람들이 종종 있다. 그런 걸 기대하는 사람도 있고, 전혀 그렇지 않은 사람도 있다. 하지만 비대면 회의가 끝난 뒤 몇 분 안에 혹은 1시간 이내에 감사 이메일을 보낼 때와 며칠 혹은 일주일 뒤에 보낼 때, 사람들이 그 회의에 갖는 애착은 크게 차이가 난다.

나는 사람들에게 스스로 질문을 해보라고 조언한다. 나는 어떤 디지털 보디랭귀지를 사용하는가? 요즘 같은 디지털 시대에 나는 내 뜻을 정확히 전달하고 있는가? 또 오해 살 일이 없도록 하고 있는가?[38]

···· 에리카 다완은 디지털 보디랭귀지 분야의 세계적 전문가이자 코텐셜 Cotential의 설립자이다. 《연결지능》(워너스북, 2016)을 썼다.

## 뛰어난 비대면 의사소통 비결

학생들을 만나거나 초청 강연을 할 때 나는 학부에서 영어학을 전공해서 다행이라고 말하곤 한다. 그러면서 우리가 하는 의사소통이 점점 글쓰기를 중심으로 이루어지는 것을 보니 세상이 점점 영어학 전공자에게 유리하게 돌아간다고 말한다.

팀 전체 메일을 보내는 것에서부터 데이트 상대를 찾으려고 하는 프로필 작성까지 모든 부분에서 글쓰기 능력은 중요하다. 날이 갈수록 우리가 쓰고 온라인에 공유하는 것들이 우리가 어떤 사람인지를 보여주는 새로운 방법이 되어가는 듯하다.

**비대면 환경인지에 관계없이 의사소통을 잘하는 비결은 글쓰기를 잘하는 것이다.**

이 말이 두렵게 느껴진다는 것을 알고 있다. 특히 자신이 글쓰기를 잘한다고 생각하지 않거나 지금까지 글쓰기를 싫어했다면 더욱 그럴 것이다. 하지만 좋은 소식이 있다. 내 경험상 다음 3가지 원칙만 꾸준히 지키면 글쓰기를 잘할 수 있다.

1. **실제로 이야기하듯이 쓴다.** 나는 수년간 시나리오 작법을 공부하면서 대화의 리듬을 배웠다. 우리가 나누는 대화의 리듬을 생각해보면 누구나 실제로 이야기하듯 글을 쓸 수 있다. 그리고 이것을 확인할 간단한 방법이 있다. 자신이 쓴 글을 큰 소리로 읽어보라. 자연스럽게 말하는 것처럼 들린다면 된 것이다. 그렇지 않다면 다시 써야 한다!

2. **충분히 표현한다.** 간결함이 아름답다고 말하는 사람도 있다. 어느 정도는 맞는 말이다. 하지만 비대면 의사소통에서는 사

람들이 글을 너무 짧게 쓰는 경향이 있다. 한 단어로 쓴 이메일 답장은 상당히 명료해 보이지만 오히려 오해를 살 수도 있다. 간결하게 쓰려고만 하지 말고 짧으면서도 의미를 명확하게 전달하는 데 집중해야 한다.

**너무 길게 쓰면 안 되나 그렇다고 너무 짧게 쓰려고만 해서도 안 된다.**

3. **언제나 명료하게 쓴다.** 명쾌한 통찰력을 바탕으로 거창하게 글을 쓰면 남들이 부러워할 만한 지적 능력을 보여줄 수 있을지도 모른다. 하지만 보통은 간단하게 쓰는 편이 더 낫다. 나도 여느 영어학 전공자 못지않게 어휘에 관심이 많지만, 명료하게 쓰는 것이 가장 좋은 의사소통 방법이라고 생각한다. 직설적으로 표현하는 것이 좋으며, 단어 선택에도 신경써서 전달하려는 말을 분명히 해야 한다.

## 원격근무 중 이메일을 잘 쓰는 3가지 비법

당신은 어쩌면 이런 내용이 별로 필요 없다고 여길 수도 있다. 과연 정말로 이메일 잘 쓰는 법을 공부해야 하는 걸까? 이미 당신은 이메일 쓰는 좋은 습관이 있을지도 모른다. 어쩌면 나보다 더 잘 쓸 수도 있다. 하지만 자신의 수준이 어느 정도라고 생각하든 상관없이, 다음 내용은 다시 살펴볼 가치가 있다.

1. **제목을 이메일 내용과 관련지어 쓴다.** 이메일의 제목은 이메일의 내용을 드러낸다. 또 수신자가 제목만 보고 그것을 읽을지 말지를 결정하기도 한다. 열어볼 것이 분명한 동료에게 보내는 이메일이라고 하더라도, 제목을 잘 쓰면 직접 만나 주의를 집중시키는 것과 같은 효과가 있다.

2. **'미-메일me-mail'을 쓰지 않는다.** 이메일 전문가이자 작가인 지셀라 하우스만은 "저는"이나 "저의"와 같은 말로 이메일을 시작하지 말라고 경고한다. 이런 표현을 쓰면 글의 초점이 수신자가 아니라 발신자에게 맞춰진다. "고맙습니다"와 같은 말로 시작하는 편이 더 낫다. 예컨대 "(제가) 말씀드리고자 하는 것은 지난번에 걱정해주셨던 문제입니다"라고 쓰기보다는 "걱정해주셔서 고맙습니다"로 시작한다.

3. **가장 중요한 내용부터 쓴다.** 보도자료는 보통 정해진 형식이 있다. 가장 중요한 정보는 바로 첫 문장에 있다. 그리고 이어지는 문장들은 그보다 덜 중요한 내용이다. 기자들은 바빠 내용을 다 읽어볼 시간이 없을 것이므로 홍보 담당자가 가장 중요한 내용을 맨 앞에 두는 것이다. 이메일도 똑같은 방식

으로 쓰는 게 좋다.

## 인스턴트 메신저나 단체 메신저 이용을 위한 3가지 비법

인스턴트 메시지(인터넷 메신저)는 다른 사람의 사무실에 불쑥 들르는 것과 마찬가지로 방해가 된다. 메시지를 신속하게 전달하고 온종일 언제든지 사람들을 서로 연결해준다는 장점이 있지만 업무를 방해할 가능성이 크다. 인스턴트 메시지를 잘 활용하려면 다음 3가지 비법을 살펴보고 동료와 공유하자.

1. **상태 메시지를 설정한다.** 대부분의 인스턴트 메시지 도구에는 중요한 기능이 포함되어 있다. 그것은 바로 상태 메시지 표시이다. 보통 상태 메시지를 이용해 온라인/연락 가능/부재중/바쁨 등으로 설정할 수 있다. 이런 기능은 매우 유용하다. 당신과 당신의 동료가 함께 그 기능을 꾸준히 사용하면 모두의 업무에 더 큰 도움이 될 것이다.

2. **목적지를 정확히 표시한다.** 만약 팀 채팅방을 사용하고 있다면 어느 그룹으로 보내는 메시지인지, 누가 읽어야 하는지 명확히 표시한다. 특정 인물이 당신의 메시지를 보아야 한다면

카테고리 태그를 이용하여 당신의 메시지를 구분하고 대상을 지정해서 보내는 등의 방법을 사용할 수 있다. 어떤 메시지 도구를 사용하는가에 따라 방법이 다르겠지만 중요한 것은 당신이 보내는 모든 것에 적절한 메시지 콘텍스트 속성을 설정해야 한다는 것이다.

3. **깊은 대화는 하지 않는다.** 인스턴트 메시지는 간단한 질문을 할 때, 가벼운 주제로 대화할 때, 그리고 당신이 이미 알고 있는 것에 대한 요청을 받을 때 적합하다. 길고 심오한 대화, 갈등을 유발하거나 감정을 격앙시키는 대화에는 적절하지 않다. 그런 대화는 직접 만나서 하는 것이 좋으므로 인스턴트 메시지에서는 삼가도록 한다.


## 다문화 팀에서 의사소통하는 법

5년 동안 호주에 살면서 직장생활을 하고 난 뒤, 나는 호주와 뉴질랜드의 언어에 익숙해졌다. 미국으로 돌아오고 나서 몇 주 동안은 업무 중에 비즈니스 용어들이 헷갈리곤 했다.

동료들과 함께한 브레인스토밍 회의 자리에서 의견을 토로하던 어느 날이었다. 요점을 정확히 설명하려는 마음에 비속어를 좀 섞어가며 열변을 토하던 나는 몇몇 사람의 표정을 본 순간 그런 말은 해서는 안 된다는 사실을 알아차렸다. 하지만 시드니에서는 업무 중에도 일상적으로 사용했던 말이었다. 오히려 다소 유순한 표현이라고 생각했다.

호주의 직장 문화에서는 자기 의견을 열정적으로 표현하면서 약간의 비속어를 사용하는 것은 별로 문제가 되지 않았다. 하지만 그때 내가 일하던 (그리고 지금도 일하는) 곳은 세계에서 정치적으로 가장 경직된 도시 중 하나인 워싱턴이었다. 이곳 사람들은 타인에게 기대하는 바가 나와 달랐고 나는 언어 재훈련이 필요했다.

그래도 나는 운이 좋았다. 사람들과 직접 만나 이야기하는 상황에서 그런 일이 생겼고, 즉시 팀원의 반응을 보고 내 말을 바로 잡았으며 앞으로 더 조심해야겠다고 명심할 수 있었다. 하지만 만약 가상 회의에서 그랬다면 어땠을까?

나는 사람들의 거부반응을 눈치채지 못했을지도 모른다. 그리고 이것은 원격근무자가 다른 문화의 사람들과 협업할 때 생길 수 있는 수많은 문제 중 그저 하나일 뿐이다.

그렇다면 어떻게 해야 다른 문화에 대해 잘 알 수 있을까? 다문화 소통 전문가인 내 친구 파올로 나가리는 우선적으로 알아야 하는 가장 중요한 방법을 가르쳐주었다. 바로 관찰력을 총동원하여 세심하게 살피는 것이다. 회의에 참석한 사람들이 사용하는 언어는 무엇인가? 또 어떤 제스처를 사용하는가? 이메일이나 전화로는 어떤 식으로 이야기하는가?

**어떤 문화를 인정하고 존중하는 가장 빠른 방법은 사람들의 행동을 살펴보고 거기에 동참하는 것이다.**

가령 가상 회의에서 사람들이 당신에게 "함께해서 기쁜" 마음을 표시한다면 당신도 같은 방식으로 그 자리에 있게 되어 기쁜 마음을 표현하면 된다. 당신이 속한 팀이 위계질서를 매우 강조하는 분위기라면 질문이 있을 때 책임자에게 직접 문의해야 한다.

다른 문화를 존중하는 법은 연습하면 배울 수 있는 기술이다. 무엇보다 꼭 필요한 것은 지속적인 관찰과 함께하고자 하는 의지, 그리고 알게 된 것을 즉시 행동에 옮기려는 노력이다.

---

⑱ **살펴보기** 다문화 에티켓

어떤 문화에서는 직설적인 말을 무례하다고 생각합니다. 또는 칭찬을 그대로 받아들이면 거만하다고 생각하기도 합니다. 정중한 태도로 그랬더라도 말이죠. 또, 피드백을 요청하는 것은 나약한 모습이라고 여기는 문화도 있지요. 조직에서 더 직책이 높은 사람이 의견을 말하지 않으면 자기 의견을 말하기를 꺼리는 사람도 있고 팀 전체의 의견을 들어야 의사 결정을 내리는 사람도 있습니다. 동료들과 같은 방에 있지 않으면 우리는 정황이라는 매우 중요한 정보를 많이 놓칩니다. 화상 회의를 할 때는 더욱 그렇지요. 그리고 정황에 대한 이해가 부족하면 오해가 생깁니다. 문화 차이로 인해 오해가 생겼을 때는 당사자가 무엇이 문제인지를 모르기 때문에 상황이 더욱 심각해집니다.

서로에 대해 알기 위해 되도록 많은 시간을 투자한다면 우리는 누구와 어디서 일하든 잘 해낼 수 있습니다. 원격 동료들의 전통과 관습을 배우기 위해 노력하세요. 관습이 생긴 배경까지 이해한다면 더욱 좋겠지요.[39]

⋯ 리세트 서덜랜드, 《어디서나 함께 일하기Work Together Anywhere》의 저자

## 낙서가 협업을 향상한다

⋯ 글: 《뻔하지 않은 안내서: 업무 중 낙서 활용법The Non-Obvious Guide to Doodling at Work》의 저자, 수니 브라운

최근에 어느 시의 CSO(최고지속가능경영책임자)와 대화를 나누던 중 가상 언어가 매우 중요하다는 걸 확실히 알게 되었다. 그 CSO는 도시 환경의 질을 재고하는 업무를 담당하고 있었다. 모든 직원은 업무에 전력을 다했고 목표 의식과 기술 모두 훌륭했다.

문제는 아무도 전체적인 상황을 보지 못한다는 것이었다.

알다시피 거대 도시의 업무는 재미도 없고 단시간에 해결되지도 않는다. 급변하는 거대 도시는 언제나 이해가 상충하고, 다중 이해관계자가 존재하며 공공 책임이 문제가 되는 골치 아프고 복잡한 시스템으로 이루어져 있다. 시를 위해 일하면서 시의 성장을 책임지는 사람이라면 누구나 이런 모든 것의 균형을 맞추고 그 시에 사는 모두의 생활 문제를 균형 있게 해결해야 한다. 그것은 수천만 명에게 무수한 종류의 영향을 미치는 엄청난 직업이다.

폭넓은 관점으로 이해하려면 우리는 뭔가를 끼적여야 한다. 그리고 여럿이 모여서 끼적여야 한다. 규모가 큰 문제를 두고 눈에 보이는 그림을 그려낼 때는 다른 사람과 함께 끼적이는 것이 가장 좋기 때문이다.

직원 간 의사소통이 영리한 전략, 원활한 팀워크, 완벽한 문제 해결의 핵심이라는 사실을 믿는다면 문자에 얽매이는 한계를 넘어 더 큰 현실을 보아야 한다. 서로의 관점을 묻고 그것들을 합친 다음 모두가 볼 수 있게 그림을 그려내야 비로소 우리가 놓친 것이 무엇인지 알 수 있다.[40] •

⋯› 수니 브라운은 《낙서 혁명The Doodle Revolution》 등 낙서에 관한 책을 여러 권 썼다.

---

• 수니 브라운이 쓴 책의 내용이 궁금하다면 다음 링크를 참조하라: www.nonobvious. com/guides/doodling

→ 비대면 의사소통에는 2가지 방식이 있다. 동기식(전화 통화 같은 것)과 비동기식(이메일 같은 것)이다.

→ 비대면 의사소통을 잘하려면 글쓰기 기술부터 향상한다. 말하듯이 쓴다. 명료하게 쓴다. 충분히 표현한다(너무 길지도 너무 짧지도 않게 쓴다).

→ 디지털 보디랭귀지는 디지털 의사소통을 할 때, 당신이 어떤 사람이고 바라는 것이 무엇인지 알려주는 숨겨진 단서이다.

→ 이메일을 잘 쓰려면 우선 보내는 사람 위주의 "미-메일"이 되지 않게 주의해야 한다. 대신 수신자에게 초점을 맞추고 중요한 내용부터 쓰기 시작한다.

→ 인스턴트 메시지로 대화할 때 중요한 것은 메시지 수신자를 정확히 지정하는 것이다. 또 가벼운 대화를 할 때만 인스턴트 메시지를 사용하도록 한다.

→ 다문화 팀에서 일할 때는 문화적 차이를 존중하고 다른 사람의 문화에 관심을 가져야 한다.

→ 끼적이기(낙서)는 팀 모두가 큰 그림을 볼 수 있게 해주기 때문에 성공적인 협업에 도움이 된다.

9 10장
신뢰 문화 구축

기업 문화는 리더의 사고방식이 조직 구성원의 사고방식과 결합하여 생긴다. 그리고 보통은 사무실을 기반으로 발달한다. 사무실에서는 여러 팀이 매일, 하루 8시간 동안 같은 공간에 모여 앉아 근무하며 공동 작업도 하고, 서로 친밀감도 쌓는다. 이런 환경에서 팀워크가 강화된다. 팀워크라는 말 그대로 한 팀이 사무실 안에서 함께 일하기 때문이다.

**그렇다면 사람들이 전 세계 각지에 흩어져 원격근무를 하면서도 조직 문화를 구축할 수 있을까?**

물론 그럴 수 있다. 하지만 쉬운 일은 아니다. 이번 장에서는 가상공간에서 협업 문화를 만드는 데 핵심이 되는 원칙 몇 가지를 알아보겠다. 그중 기본적이면서도 가장 중요한 요소부터 시작해보자. 바로 신뢰이다.

## 비대면 팀에서 상호 신뢰를 쌓는 10가지 규칙

우리 핵심 팀원은 5명이며 모두 원격근무를 한다. 모두 나와 수년간 함께 일한 사람들이다. 하지만 그중 3명은 실제로 만난 적이 한 번도 없다.

물론 언젠가 꼭 실제로 만나고 싶다. 그렇지만 직접 만나지 않

있어도 우리는 서로 신뢰하면서 일하고 있다. 어떻게 이것이 가능했을까?

바로 신뢰를 쌓는 10가지 규칙을 잘 따랐기 때문이다. 수년간 여러 비대면 팀과 협업을 하면서 나와 동료들은 이런 규칙을 충실하게 지켰다. 비대면 팀에서 신뢰 문화를 쌓고 싶다면 이런 규칙이 도움이 될 것이다.

1. **공감이 먼저다.** 동료가 회의에 늦거나 약속한 일을 마치지 못했을 때, 아니면 마감 시간을 놓쳤을 때 해명부터 요구하거나 열심히 일하지 않는 사람이라고 단정하지 말아야 한다. 우선, 무슨 일이 있는 것은 아닌지 물어본다. 아이가 아플 수도 있고 여러 업무를 한꺼번에 처리하느라 힘든 상태일 수도 있다. 그 이유가 무엇이든, 항상 사람을 먼저 생각해야 한다.

2. **필요한 정보를 미리 공유한다.** 공유할 정보가 있을 때, 사람들 대부분이 늦지 않게만 전달하면 된다고 생각한다. 꼭 알아야 하는 때가 되어서야 이메일을 보내주는 것이다. 그렇게 하면 마치 일을 제대로 처리한 듯한 기분이 들 것이다. 하지만 그렇게 정확히 필요한 순간에 정보를 공유하면 상대방에게는 이미 늦은 것이다. 미리 업무와 정보를 공유해서 생각할 시간을 주어야 한다. 그래야 사람들이 당신이 바라는 목표에

맞춰 일할 수 있다.

3. **서로의 편이 되어준다.** 유능한 팀은 팀원이 서로를 지지한다. 이것은 비대면 팀에서 더욱 중요한 규칙이다. 서로 대면할 필요가 없을 때는 다른 사람을 비난하거나 부정적으로 말하기가 너무나 쉽기 때문이다.

4. **신뢰해야 신뢰를 얻는다.** 사람들은 자기를 믿어주는 사람을 신뢰한다. 이런 상호작용은 본능에 가깝다. 그러므로 리더로서 팀원의 상호 신뢰도를 높이고 싶다면 당신이 먼저 팀원을 신뢰해야 한다.

5. **바람직한 분위기를 조성한다.** 당신이 팀원과 소통하는 모습이 다른 팀원끼리의 소통 방식을 결정한다. 가상 회의를 할 때 당신이 가장 먼저 하는 것은 무엇인가? 메시지를 보낼 때 사용하는 언어는 무엇인가? 먼저 모범을 보이면 다른 사람도 따라올 것이다.

6. **한결같아야 한다.** 신뢰할 만한 사람은 일주일에 1회씩 신념을 바꾸지 않는다. 그런 사람은 보통 한결같은 모습을 보이며 문제가 발생해도 흔들리지 않는다.

7. **하겠다고 말한 것은 해야 한다.** 이것은 성실함을 의미하는 동시에 얼마나 믿을 만한 사람인지를 보여주는 신호이다. 하겠다고 말한 것을 반드시 하는 사람은 당연히 다른 사람의 신뢰

를 얻는다. 행동으로 보여주기 때문이다.

8. **필요할 때 곁에 있어준다.** 우리는 자신의 삶에서 중요한 사람을 위해서는 언제든지 부름에 응답할 준비가 되어 있다. 그 사람들은 우리의 전화번호를 알고 있고, 전화만 하면 우리는 즉시 받을 것이다. 그렇다면 가장 가까운 팀 동료에게도 똑같이 할 수 있을까? 물론 사적 경계를 설정하는 것도 중요하다. 하지만 사람들은 정말 어려운 일이나 긴급한 문제가 생겼을 때 자신의 팀 동료와 리더가 곁에 있어줄 것인지 알고 싶어 한다.

9. **있는 그대로의 모습을 보여준다.** 사람들은 진정한 모습을 보여주는 사람을 좋아하고, 자기가 좋아하는 사람을 신뢰한다. 가상 환경에서 진짜 자신의 모습을 보여주는 것이 어려울 수도 있다. 하지만 자신의 실제 모습을 보여줄 수 있는 소소한 방법을 많이 알고 있으면 다른 사람이 다가오기가 훨씬 쉬워질 것이다.

10. **팀원끼리 즐거운 일을 공유한다.** 어떤 비대면 팀이든지 팀 안에서 편이 갈라지기 쉽다. 예컨대 가까이 사는 팀원끼리는 같은 스포츠팀의 팬으로서 서로 가까워진다. 이런 우정은 주변에서 흔히 볼 수 있으며 일부러 다른 사람을 배척하지 않는 이상 문제가 될 것이 전혀 없다. 하지만 모든 사람에

게 참여를 권유하여 팀 전체가 이런 유대 관계를 공유하도록 유도할 수 있다면 더 좋을 것이다.

## 비대면 환경에서 신뢰를 무너뜨리는 사람의 특징

사람들은 다른 사람의 행동이 보여주는 신호를 근거로 그 사람이 신뢰할 만한지 판단한다. 하지만 비대면 환경에서는 좀 다르다. 항상 사람들을 직접 만날 수 있는 것도 아니고 보디랭귀지와 같은 비언어적 단서에 의존할 수도 없으므로 소통 도중에 드러나는 작은 신호들만 보고 신뢰성 여부를 빠르게 판단해야 한다.

비대면 환경에서는 그런 작은 신호들이 전부이기 때문에 그런 신호를 오해하면 신뢰성 판단에 심각한 영향을 초래한다. 신뢰를 무너뜨리는 가장 심각한 행동은 어떤 것이 있는지 살펴보자. 이런 것은 너무 많은 사람에게서 일관성 있게 드러나는 특징이므로 반드시 피해야 한다.

1. **개인의 신상 공개를 거부한다.** 화상 회의를 하는데 한 사람이 "카메라가 고장 났다"는 이유로 비디오 사용을 거부한다면? 우리는 그런 사람을 신뢰하지 않는다. 우리의 모습을 공유하

고 있는데도 그 사람은 자신의 모습을 공유하려는 의지를 보이지 않기 때문이다.

2. **자신의 기술적 무지를 편안히 누린다.** 비대면 모임의 기술적 문제로 상당히 힘들어하는 사람도 있다. 하지만 아예 포기한 것처럼 자신이 기술 문제에선 형편없는 사람이라고 선언해 버린 뒤, 그저 어떤 노력도 하지 않는 사람이 있다. 다른 사람이 모두 해냈다면, 그 사람도 당연히 할 수 있다. 아니면 적어도 열심히 노력하면서 스트레스를 받는 것이 정상적인 태도이다.

3. **말도 안 되는 핑계를 댄다.** 비대면 회의에 늦게 들어와서는 뻔한 거짓 변명을 하는 사람을 종종 봤을 것이다. 이런 불필요한 거짓말은 하지 마라. 재택근무 중에 아기 기저귀를 갈아주다가 늦었다면 사실대로 이야기하면 된다. 그것은 당신의 인간적인 면모를 보여주고 결국 사람들은 당신에게 더욱 호감을 느낀다. 물론 번번이 그러지는 않는다는 가정하에 말이다.

4. **불쾌감을 준다.** 나의 두 번째 책, 《호감이 전략을 이긴다》(원더박스, 2013)의 요점은 사람들은 자기가 좋아하는 사람과 일한다는 것이다. 즉, 무례하고 오만한 사람이거나 불쾌감을 주는 사람은 신뢰를 얻기도 어렵고 다른 사람과 함께 일하기도 어렵다.

## 효과적인 팀빌딩 활동

비대면 팀 문화를 발전시키는 열쇠 중 하나는 팀빌딩* 활동을 통해 신뢰를 쌓는 것이다. 문제는 우리에게 익숙한 팀빌딩 활동은 대부분 현실 세계에서 신체 활동을 통해 이루어진다는 사실이다.

비대면 환경에서도 팀빌딩은 매우 중요하다. 하지만 문제를 내주고 다음 비대면 회의에서 돌아가며 대답하는 것 외에 뭔가 새로운 것이 필요하다.

협업 플랫폼 커넥티파이Connectify의 설립자 앤드루 롱은 이렇게 말한다. "팀원이 심리적 안정감을 느끼면서 개인적 친분을 쌓을 수 있는 원격 팀 활동을 모색하여 재택근무를 해도 일반적인 근무를 하는 것과 같은 혜택을 누리도록 해주는 것까지 관리자의 역할입니다."[41]

그렇다면 어떤 활동이 적절할까? 여기 적절한 활동에 대한 의견이 있다.

---

* 팀원의 작업 및 커뮤니케이션 능력, 문제해결 능력을 키워 조직의 효율을 높이려는 조직개발 기법이다. — 옮긴이

회의 시작 전, 서로를 소개하는 시간을 가진 뒤 바로 그 즉시 모든 사람의 이름을 까맣게 잊어버린 경험이 있나요? 솔직히 말해서, 무슨 말을 해야 할지 걱정하느라 주위 사람의 소개를 듣지 못하는 사람이 많을 것입니다.

다음 내용을 연습해보면 회의를 시작하면서부터 유대감을 쌓을 수 있을 것입니다. 한번 따라서 해보세요:

1. 회의 사회자가 먼저 자기소개를 하면서 자신의 개인 이야기를 4~5가지 정도 한다. 그러고 나서 모임의 모든 사람이 돌아가면서 자기소개를 한다. 이때 자신의 소개 내용 중 한 가지를 사회자가 소개했던 내용과 결부하여 이야기한다.

2. 자기소개 내용 중 단 한 가지만 사회자와 결부하여 이야기하면 된다.

3. 사회자가 아니어도 자기보다 앞서 소개한 사람 중 1명과 관련지어 이야기할 수 있다.

4. 모두 돌아가며 소개해야 한다.[42]

⋯▸ 제시 슈테른셔스, 조직 내 대인 의사소통 기술 훈련을 돕는 임프루브이펙트 Improv Effect의 설립자

## 사일로 효과를 방지하는 법

··· 글: 《뻔하지 않은 안내서: 직원 참여 The Non-Obvious Guide to Employee Engagement》의
저자, 제이미 노터와 매디 그랜트

직장 문화는 어떤 조직이 타 조직과의 차별성을 드러내는 몇 안
되는 영역이다. 하지만 각종 문화산업의 브랜딩 커뮤니케이션 업
무를 접하고, 브랜딩 커뮤니케이션을 재무와 같은 핵심 관리 분
야만큼 진지하게 다루기 시작해야 발견할 수 있는 부분이다.

분명히 짚고 넘어가자면, 기업의 사일로 효과°가 꼭 나쁜 것만
은 아니다. 기업에서 특정 분야에 대해 해박한 전문 지식을 공유
하는 사람들이 긴밀하게 협조하며 일하는 것은 당연하다.

수영장에서는 다른 레인을 침범하지 않아야 모두
가 가장 빠른 속도로 나아갈 수 있다.

그런데 사일로 효과의 문제점은 경계와 영역이 너무 견고한 나
머지 적절한 정보 공유가 이루어지지 않아서 다양한 관점이 필요
한 사전 대책 마련이 어려워진다는 것이다.

사무실 환경에서는 복도를 걸어 다니기만 해도 실제로 부서 간
경계가 어느 정도 허물어진다. 하지만 비대면 업무가 늘어나면서

---

° 부서 간에 서로 협력하지 않고 내부 이익만을 추구하는 현상을 말한다. — 옮긴이

부서 간 정보 교류를 위한 전략이 필요해졌다. 구체적인 3가지 전략을 살펴보면 다음과 같다.

### 비법 1: "정보 공유를 위해" 모인다

복합 업무 팀을 만들어 정기적으로 화상 회의를 소집해야 한다. 하지만 부서별로 돌아가며 현재 진행 중인 업무를 보고하는 것으로 끝나서는 안 된다. 참석자에게 미리 요청해서 업무가 겹치는 부분, 조정이 필요한 부분, 또는 협업이 필요한 부분을 회의에서 구체적으로 말해달라고 한다. 물론 그 회의에서 모든 것을 해결할 필요는 없다. 회의가 끝난 후에 적임자를 찾아 그 일을 맡기면 된다.

### 비법 2: "TCB" 채널을 만든다

TCB는 "맡은 일을 한다taking care of business"는 말의 약자이다. 나는 TCB 채널을 통해 원격 팀 직원이 각자 진행 중인 일을 매일 한 문장으로 보고하도록 한다. 누군가가 맡은 일을 확인하고 싶거나 얼마나 바쁜지 궁금한 것이 아니다. 전체 시스템이 어떻게 돌아가고 있는지를 한눈에 볼 수 있게 해서 미리 문제점이나 목표 달성 기회를 포착하려는 것이다.

**비법 3: 아이디어 관리 소프트웨어를 사용한다**

아이디어스케일IdeaScale과 같은 프로그램을 활용하면 조직의 구성원 누구나 좋은 아이디어나 획기적인 방법을 제안할 수 있다. 의견을 제시한 뒤에는 나머지 사람들이 그 의견에 대해 찬반 투표를 진행하고 가장 많은 찬성표를 얻은 의견에 대해 실행 여부를 검토한다.

이런 방식은 본래 기업 혁신을 가속화하기 위해 만들어진 것이지만 조직의 구성원 중 누가 어떤 의견을 내는지, 또 어떤 아이디어에 찬성하는지 눈으로 확인할 수 있다는 장점이 있다. 관리자는 바로 그런 관점으로 모든 과정을 보면서 협업에 적절한 인재를 미리 찾아낼 수 있다.

지금까지 설명한 모든 활동의 목적이 단지 부서 간 벽을 허무는 것만은 아니다. 문제점 해결, 목적 달성의 기회 발견, 협업 증진, 업무 속도 증가, 업무 중복 방지 등 다양한 목적이 있다. 바람직한 원격근무 문화를 확립한다면 언제나 모든 구성원이 더 좋은 결과를 내는 데 도움이 될 것이다.˙

---

• 두 사람이 쓴 책의 내용이 궁금하다면 다음 링크를 참조하라: www.nonobvious.com/guides/employeeengagement

··· 제이미 노터와 매디 그랜트는 휴먼워크플레이스 Human Workplaces의 공동 설립자이며 《밀레니얼 세대가 세상을 이어받을 때 When Millennials Take Over》와 《뻔하지 않은 안내서: 직원 참여 The Non-Obvious Guide to Employee Engagement》를 포함하여 직장 문화에 관한 책을 여러 권 썼다.

## 10장 요약

→ 견고한 비대면 팀 문화의 기초는 신뢰이다. 그리고 신뢰는 공감에서 시작된다.

→ 비대면 팀원과 신뢰를 쌓으려면 한결같은 모습을 보여야 한다. 또 신뢰를 얻으려면 먼저 다른 사람을 신뢰해야 한다. 그리고 자신이 하겠다고 말한 것을 반드시 해야 한다.

→ 신뢰할 수 없는 사람임을 보여주는 경고 신호를 주의한다. 자기 모습을 드러내지 않으려고 하거나 말도 안 되는 핑계를 대고 다른 사람에게 불쾌감을 주는 경우이다.

→ 팀 내에서 서로 간의 벽을 허물기 위해, 함께 모여서 정보를 공유하고 투명한 소통을 도와줄 디지털 도구를 활용한다.

11장

원격근무 팀
이끄는 법

사업가가 되기 전에 내가 겪었던 상사들을 돌이켜보면 최악으로 기억되는 한 사람이 있다. 그 상사는 거의 마무리된 프로젝트에 끼어들어 결국 모든 사람이 처음부터 다시 일을 시작하게끔 만들곤 했다.

우리는 그 상사가 우리 업무를 이해하지 못하는 이유가 그녀가 우리와 같은 공간에서 일하지 않기 때문이라고 생각했다. 하지만 여러 해가 지나서야 나는 그녀가 원격근무를 했다는 것은 큰 문제가 아니라는 사실을 깨달았다. 정말 중요한 문제는 그녀의 리더십 부족이었다.

**리더십 부족은 보통 비대면 팀을 이끌 때 더욱 문제가 된다.**

원격근무 팀을 효과적으로 이끌려면 조금 다른 사고방식과 소통 방식이 필요하다. 원격근무 팀을 이끌 때 필요한 리더십에 대해 살펴보자.

## 비대면 팀을 이끌기 위한 5가지 비법

팀원이 여러 장소에 흩어져 있다고 해서 리더십을 전면적으로 재검토해야 하는 것은 아니다.

좋은 리더는 자기 조직의 구성원에게 항상 신경을 쓴다. 그들은 조직의 구성원이 더 큰 목표를 향해 나아가기를 바라고, 또 독려한다. 이런 자질은 원격근무 팀의 리더에게도 중요하다.

하지만 기본적인 리더십 원칙 외에도 원격근무 팀을 잘 이끄는데 도움이 될 만한 구체적인 실천 방법이 있다.

## 비법 1: 잠깐씩 들러 도움을 준다

1980년대에는 "직원들 주변을 순회하는" 경영 원칙을 장려했다. 물론 비대면 팀을 이끌 때는 불가능한 이야기이다. 하지만 예상치 못한 방문은 전화, 인스턴트 메시지, 이메일로도 할 수 있다. 소소한 것까지 따지거나 팀원을 불신한다는 인상을 주지 않는 것이 핵심이다. 그 대신 언제나 긍정적인 분위기로 필요한 것이 있는지 묻고 원하는 도움을 준다.

---

**살펴보기** 연락하기

적어도 3명의 팀원과 매일 연락하고, 모든 팀원과는 최소 일주일에 한 번 연락하는 것이 내 개인적인 목표입니다. 처음 원격근무를 하기 시작했다면 더 자주 서로 연락할 것을 권합니다. 인스턴트 메시지나 이메일을 이용할 수도 있지만, 전화기를 들고 혹은 웹캠을 켜고 연락을 하는 편이 더 좋습니다.[43]

⋯ 케빈 아이켄베리, 《원격 리더십》(바이탈경영교육원, 2020)의 공동 저자

---

## 비법 2: 가상 회의는 2가지 기능을 한다

현실 세계에서 회의는 보통 실제 모임을 뜻한다. 회의는 분명한 안건을 가지고 진행되며 주제를 벗어나는 대화를 하면 제지를 받는다. 2부에서 밝혔듯이 비대면 회의에서도 목적의식을 가지고 사람들이 업무에 집중하게 하는 것이 중요하다. 하지만 비대면 회의에는 리더가 기억해야 할 중요한 목적이 한 가지 더 있다.

비대면 회의는 원격근무자가 동료와 교류하는 유일한 기회일 수도 있다.

## 비법 3: 일관성 있는 자극을 준다

팀 안에서 당신의 트레이드마크가 될 수 있는 것은 무엇인가? 내가 인터뷰했던 최고의 원격근무 팀 리더 중에는 자신의 인간적인 면을 보여주는 활동을 통해 팀에서 새로운 관습을 만들어내는 것이 트레이드마크인 사람도 있었다.

> 🔒 **살펴보기** 가상 팀 격려하기
>
> 스콧 디지아마리노가 아메리칸 익스프레스 파이낸셜 어드바이저American Express Financial Advisors에 부임하여 직원들이 여러 곳에 흩어져서 근무하는 팀의 세일즈 매니저가 되었을 때, 그 팀의 업무 실적은 전국 176개 지역 중에서 173등이었다.

직원의 사기를 증진하고 공동체 의식을 키우기 위해 그는 매일 아침 직원들에게 격려 메시지와 함께 할리우드 영화의 비디오 클립을 하나씩 보내주었다.

열정을 가지라는 말부터 투지를 강조하는 메시지에 이르기까지 직원들에게 전달한 교훈은 시간이 지나면서 200개 분량의 목록이 되었다. 그리고 직원들에게 보내는 비디오 클립이 쌓일수록, 직원들의 관심도 점점 높아졌다.

1년 후, 새로운 업무 실적 순위가 발표되었을 때 디지아마리노의 팀은 1위를 차지했다. 그리고 그 이후로 15년 동안 13회나 1위 자리를 지켰다.[44]

┉ 스콧 디지아마리노는 아메리칸 익스프레스에 25년 동안 근속했다. 현재는 무비콤Moviecomm의 최고 경영자이다.

**비법 4: 동기식 소통 자리를 마련한다**

팀원이 매일 혹은 매주 한 번씩 비대면 모임을 열어서 동기식 소통을 하면 어떨까? 아니면 중요한 일이 있을 때 비대면 기념행사를 하는 건 어떨까? 비대면 팀도 단합 행사를 다양하게 할 수 있다. 하지만 중요한 것은 행사를 계획적으로 준비하고 실행해야 한다는 것이다.

> 우리는 팀이 함께 모이는 자리를 마련하려고 노력합니다. 여러 도
> 시에 있는 사람들이 동시에 음식을 만들고 파티를 하는 일도 많습
> 니다. 그럴 땐, 모두가 로그인한 채로 각자의 테이블에서 식사하면
> 서 이야기를 나누지요. 원격 수업을 하는 학생들의 집으로 피자 배
> 달을 시켜서 웹캠으로 대화하며 함께 먹은 적도 있습니다.[45]
> ⋯▸ 나빈 라즈데브, 온라인 학습 플랫폼 라이트하우스 Lighthouse의 설립자

모임이 시작되자마자 끝나버리거나 원격근무자가 말할 기회를
충분히 얻지 못한다면 결국 더 큰 단절감만 느끼고 말 것이다. 그
렇다면 모든 모임 시간을 훨씬 더 연장해야 한다는 뜻일까? 물론
그건 아니다.

기억해야 할 점은 팀원이 가상공간에 모여서 일만 하는 것은
아니라는 사실이다. 비대면 모임은 결속력을 높이고 대화를 할
중요한 기회이기도 하다. 이런 인간적인 부분을 채워주는 것도
리더로서 당신이 해야 할 일이다.

### 비법 5: 항상 "이유"를 설명한다

팀원이 업무를 받아들이고 맡은 일에 대해 책임지도록 하려면,
우선 그 일을 해야 하는 이유가 무엇인지 분명히 알려야 한다. 그

리고 이것은 원격근무 팀을 이끌 때 훨씬 더 중요한 사항이다. 원격근무에서는 각자의 업무와 그 진행 상황이 눈에 보이지 않기 때문이다.

**사람들은 그 일을 해야 하는 이유를 알 때 더 훌륭하게 업무를 처리한다.**

가령 내가 하는 출판 업무에서 새로운 템플릿 작업을 하는 웹사이트 디자이너와 사이트를 만들기 위해 완성된 디자인을 기다리는 프로그래머가 있다고 생각해보자. 일정이 촉박해서 프로그래머가 작업할 시간을 확보하려면 웹사이트 디자이너가 더 빨리 작업을 마쳐야 하지만, 웹사이트 디자이너는 그 사실을 모른다면 어떨까? 그러면 웹사이트 디자이너는 어째서 평소보다 더 독촉하는지 이해하지 못할 것이다.

## 원격근무 팀에서 흔히 생기는 문제 해결하기

원격근무의 가장 큰 문제점은 나와 팀원이, 그리고 다른 모든 팀이 하는 일을 한눈에 그려볼 수 없다는 사실일 것이다.

**사람들은 상황을 명확히 알 수 없으면 지레짐작하여 상상한다.**

이런 상황을 피하려면 눈에 보이지 않는 것도 명확히 알 수 있게 만들 방법을 찾아야 한다. 다음 몇 가지 방법을 살펴보자.

## 비법 1: 모든 사항을 미리 알린다

우선 새로운 사실이 있으면 모든 팀원에게 즉시 알린다. 날마다 완료된 업무와 진행 중인 업무 정보를 업데이트하여 팀원에게 이메일로 보내주는 것도 한 가지 방법이다. 프로젝트 관리 도구나 시간 추적 소프트웨어를 활용할 수도 있다. 어떤 방법을 사용하든, 당신과 당신의 팀원이 투명하게 모든 업무 상황을 공유할수록 직원은 더 큰 결속력을 느낄 것이다.

## 비법 2: 당신의 업무를 공개한다

책을 쓰는 과정에서 가장 큰 부분을 차지하는 것은 사전 조사와 인터뷰이다. 이는 매우 광범위하면서도 무시하거나 빠트리기 쉬운 작업이다. 나는 책을 쓰는 동안 보통 그런 작업의 진행 상황을 사진으로 찍어서 사람들과 공유한다.

책을 쓰는 동안 이런 사진을 공유하면 사람들은 집필 과정을 한눈에 볼 수 있다. 이렇게 하면 사람들이 그 책을 읽게 되었을 때, 배경지식을 바탕으로 더 잘 이해하게 된다.

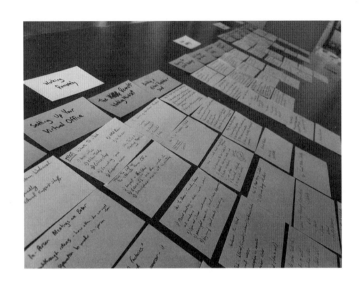

### 비법 3: 당신의 부재를 알린다

"떨어져 있으면 그리워지는 법이다"라는 속담은 보통 애정 문제를 이야기할 때 쓰는 말이지만 원격근무 팀에도 적용할 수 있다. 자리를 뜰 때는 부재중 회신 설정, 자리 비움 설정, 자동 메시지 전송 프로그램 등을 이용하여 그 사실을 모두가 알 수 있도록 한다. 그렇게 하면 동료에게 당신이 컴퓨터 앞에 앉아 일하는 시간과 그렇지 않은 시간을 동시에 알려줄 수 있다.

**비법 4: 공개 선언을 한다**

자신의 업무가 언제쯤 끝날지를 미리 알린다면, 혹은 기한 안에 일을 마칠 수 없을 것으로 예상될 때 그 사실을 공개적으로 알린다면 더욱 인정받는 사람이 될 것이다. 다른 사람이 책임을 묻기 전에 먼저 맡은 일에 책임을 지는 사람은 모두에게 신뢰를 얻는다.

**공개적으로 어떤 약속도 하지 않는 사람과 일한 적이 있을 것이다. 아무도 그런 사람을 좋아하지 않는다.**

여기서도 소프트웨어를 활용할 수 있다. 프로젝트 관리 및 협업 플랫폼인 아사나Asana는 이런 투명한 업무 공개 설정을 "가장 중요한 진실"이라고 명명했다. 아사나의 글로벌 커뮤니티 부서 책임자인 조슈아 저컬은 이렇게 말한다. "자신이 속한 팀과 각각의 팀원이 하는 일을 명확히 인지해야 원격 업무를 할 수 있고 또 잘할 수 있습니다."[46]

---

🔍 **살펴보기** 생산성 측정

원격근무자에 대한 생산성 측정 방식은 사무실 근무자와 똑같습니다. 사무실에서도 리더가 직원마다 살펴보며 프로그래밍을 하고 있는지, 이메일을 쓰고 있는지, 전화 응대를 하고 있는지를 일일이 확인하지 않습니다. 직원들은 결과물을 낼 것이고 만약 결과물이 없다면 리더는 그 직원이 제대로 일하고 있지 않다는 사실을 알게 됩니다. 그들이 팀에 기여하며 결과물을 내고 있다는 사실이 중요하다고 생각합니다.[47]

→ 해리 모즐리, 가상 회의 플랫폼 줌Zoom의 글로벌 최고정보관리자

### 비법 5: 음소거 상태로만 있어서는 안 된다

음소거 설정을 사용하는 것은 가상 회의에서 예의 바른 행동이긴 하지만(5장의 '비대면 회의의 7가지 규칙' 참조), 회의 때마다 말 없이 있으면 적극적으로 업무에 참여할 기회도 사라지고 팀원이 당신의 존재를 잊어버릴 수 있다.

회의 형식에 따라 대화 중에 혹은 채팅방에서 의견을 제시하면서 회의에 참여할 수 있다. 그 방법이 무엇이든, 참여할 방법을 모색하고 참여 기회를 얻었을 때 가치 있는 의견을 제시해야 한다.

## 책임감 증진하기

→ 글: 조너선 레이먼드

관계가 별로 좋지 않은 사람과 책임을 추궁하는 대화를 해야 한다고 가정해보자. 그 사람은 잔뜩 날카로워져서는 방어적인 태도

로 상황을 감추려고 할 것이다. 그와 달리 당신은 어서 빨리 가시적인 해결책을 찾고 싶을 것이다.

어떻게 이 난처한 상황을 해결할까? 이럴 땐 다음의 3단계 절차에 따라 대화로 문제를 해결해보자.

내키지 않더라도 우선 그 사람을 걱정해준다. 궁금한 점을 물어보며 시작하면 좋을 것이다. 어떻게 지내는지 묻고 상황을 이해해보려고 노력한다. 어렵겠지만, 이 모든 것이 당신이 훨씬 전에 그 사람에게 가르쳤어야 할 것을 가르치지 못한 결과라고 생각해본다.

여전히 내키지 않겠지만, 이것저것 캐물어야 한다. 그 사람에게 방법을 제안하고 그것에 대해 의견을 묻는다. 그런 다음 다른 대안을 제시해보거나, 그가 생각해낸 더 나은 처리 방법이 있는지 물어본다. 그의 대답을 잘 듣고 그중 활용할 만한 것이 있는지 생각해본다.

상황이 악화될 것 같더라도 용감하게 대응한다. 당신이 걱정하는 것에 대해 솔직하게 얘기해야 한다. 당신이 원하는 것과 원하지 않은 것을 명확히 전달한다. 상대를 배려하려고 진실을 감추려고 하면 그 사람은 상황 판단을 제대로 하지 못하고 당신의 요구 사항을 추측한다. 이때 1, 2 단계를 건너뛰고 3단계로 바로 갈 경우, 역효과가 날 수 있다.[48]

⋯→ 조너선 레이먼드는 리파운드 Refound의 설립자로 《좋은 권위》(한스미디어, 2017)를 썼다.

## 원격근무 팀의 갈등 해결하기

어느 팀에서나 갈등은 피할 수 없다. 하지만 원격근무 팀에서 갈등이 발생하면 상황이 더욱 심각해질 수 있다.

시간이 많이 흘러야 갈등이 깊어지는 것은 아니다. 물론 원격근무에서 생기는 갈등은 사람들이 불만을 드러내지 않고 꾹꾹 눌러두면서 점점 커지기도 한다. 하지만 무신경한 이메일이나 모욕감을 주는 디지털 의사소통 때문에 갈등이 순식간에 폭발하기도 한다.

직장에서의 갈등 해결을 위한 조언을 찾아보면 아주 단순하다. '만나서 해결하세요'이다. 하지만 만날 수 없다면 어떻게 할까?

원격근무자 사이에서 갈등이 생겼을 때 함께 모여서 문제를 해결하는 것이 여전히 좋은 방법이긴 하다. 아마도 화상 모임이 가장 적합할 것이다.

갈등을 해소하려면 갈등이 생겼을 때 사람들이 일반적으로 보여주는 반응을 이해하고 그것에 잘 대처해야 한다.

원격근무 팀에서 갈등이 생겼을 때 사람들이 보이는 일반적인 반응과 함께 그것을 다루는 방법을 살펴보자.

### 반응 1: 연락 단절/침묵

갈등이 생기면 어떤 사람은 업무와 대화를 모두 중단한다. 그런 사람은 갈등이 있는 팀원과 연락을 끊고(무시하고), 나아가서 점점 말이 없어지며 모든 것에 참여하지 않으려고 한다. 이런 반응을 다루는 가장 좋은 방법은 당신이 당사자에게 무슨 문제가 있었는지 직접 물어보고 해결책을 찾아보는 것이다.

### 반응 2: 보복/방해

부당한 대우를 받았다고 생각하는 사람들은 받은 만큼 돌려주려고 보복이나 방해를 할 마음을 먹기도 한다. 이런 낌새가 보일 경우, 더 큰 사태를 예방하는 가장 좋은 방법은 복수심을 드러내는 사람에게 그런 행동으로 인한 개인적 손해가 얼마나 큰지, 또 업무에 얼마나 큰 지장을 주는지를 분명히 알려주는 것이다. 복수심으로 한 행동이 팀에 얼마나 큰 해를 입히고 스스로에게도 나쁜 영향을 주는지를 잘 설명하면 마음을 바꾸게 할 수 있을 것이다.

## 반응 3: 공격성/분노

어떤 사람은 갈등 상황이 생겼을 때, 혹은 시간이 지나 상황이 악화된 후에 공격성을 보이기도 한다. 공격적인 말을 퍼붓기도 하고 감정이 폭발하기도 한다. 이런 문제가 생겼을 때 가장 먼저 할일은 비대면 의사소통 도구 내에서 공격성이 폭발할 수 없게 만드는 것이다. 이메일이나 인스턴트 메시지로 분노를 표출한다면 훨씬 더 피해가 크다. 일일이 회수하거나 삭제할 수 없기 때문이다.

실시간 소통이 가능하고 좀 더 인간적으로 대화할 수 있는 환경에서 갈등의 관련자들이 긍정적으로 문제를 해결할 수 있도록 돕는다.

---

**살펴보기** 즉각적인 갈등 해결 방법

단순하게 들리겠지만 갈등이 생기면 그 문제와 직접 마주하는 습관을 들이세요. 사람들은 대부분 좀 더 기다려보기를 선택합니다. 그러니까 더 잘 알아보고 나서, 적당한 때가 되면, 다른 사람에게 조언을 구한 다음에 해결하려고 하지요. 하지만 이렇게 시간이 흘러가는 동안 갈등은 더 깊어지고 복잡해집니다. 신경을 건드리는 이메일을 받거나 비대면 회의에서 억울한 지적을 받았을 때 최대한 빠르게 상대방과 대화하세요. 갈등은 생기자마자 바로 해결하는 것이 훨씬 더 쉽습니다.

⋯ 제이미 노터, 휴먼워크플레이스의 공동 설립자이자 컬처 디자이너

이런 방법을 시도했는데도 가상 방식으로 갈등을 해결할 수 없다면 대안은 2가지뿐이다. 첫 번째는 모든 사람이 한자리에 모여 얼굴을 보면서 갈등을 이야기하고 해결하는 것이다. 두 번째는 문제가 된 팀원을 다른 부서로 이동시키는 것이다. 상황이 너무 심각하다면 해고도 고려한다.

## 비대면 환경에서의 감성 지능

···· 글: 《뻔하지 않은 안내서: 감성 지능 The Non-Obvious Guide to Emotional Intelligence》의 저자, 케리 고예트

사람들은 감성 지능(감성 지수, EQ)은 오로지 개인적인 문제라고 여긴다. 그래서 자신의 상태를 잘 인지하고 이해하면 좋을 것이라고, 즉 감성 지수가 높아질 것이라고 믿는다.

하지만 그게 다가 아니다.

감성 지수는 더 나은 결정을 내리고 환경에 더 효과적으로 적응하기 위해 감정을 영리하게 사용하는 것이다. 감성 지수가 높다는 것은 당신이 나를 뛰어넘어 우리라는 관점에서 문제의 원인을 찾으려고 한다는 뜻이다. 또 당신이 특정 개인을 둘러싼 시스템 전체를 설명할 수 있다는 뜻이기도 하다. 내가 인간관계 문제

라고 부르는 갈등에서, 감성 지수가 높은 사람은 인간관계 문제를 해결하는 평화 수호자가 될 수 있다.

그렇다면 감성 지수를 바탕으로 갈등을 헤쳐 나가려면 어떻게 해야 할까?

→ 당신을 자극하는 것이 무엇인지 알아야 한다. 갈등을 피하려는 마음은 어째서 생기고 어떻게든 상대방을 이겨야겠다는 마음은 어째서 생길까? 당신의 감정이 폭발하는 요인은 무엇이며, 그런 요인이 당신에게 어떤 의미가 있는지 알아야 한다.

→ 상황을 조망해야 한다. 감성 지수가 높은 사람은 갈등을 다각도로 생각하는 능력이 있다. 상대방의 하루를 망치려는 의도로 직장에 나오지 않는 사람이 많다. 사람들의 행동에는 다 이유가 있다. 그런 이유를 이해하고 존중하려고 노력한다.

→ 감성 지수가 높으면, 갈등을 단순히 이기고 지는 문제로 여기지 않는다. 문제를 해결하고 절충안을 찾는 것을 목표로 한다.

→ 문제를 해결할 방법을 찾기 위해 브레인스토밍 회의를 한다. 주변 사람에게 유사한 문제를 어떤 식으로 해결했는지 물어보는 것도 좋다.

→ 양쪽이 모두 만족할 방법을 논의해본다. 가능한 절충안이 있는가?

→ 업무에서 다른 사람을 도울 수 있는 방법을 찾아본다. 도움을 주는 것은 도움을 받는 사람만을 위한 것이 아니다. 그것은 당신의 사회적 위치에 힘을 실어준다.

(추가 팁: 남을 돕는 사람들은 보통 높은 인사 고과 등급을 받는다.)

감성 지수는 당신의 주변 환경을 이해하는 것이다. 가상 환경에서는 비공식적으로 사람들과 연락하기가 어렵기 때문에 스트레스나 두려움을 느끼기 쉽다. 일부러 노력하지 않는 이상 사람들과 연락하여 잠깐 만나거나 이야기 나누기도 어렵다. 최근 신경 과학 연구에 따르면 뇌에는 왕성한 사회관계가 필요하다.

다른 사람과 함께 있으면 우리 자신의 감정을 조절하는 데 도움이 되고 업무도 수월하게 느껴지며 두려움도 더 여유 있게 이겨낼 수 있다. 하지만 가상 환경에서는 모든 관계가 의도해야만 이루어진다.

감성 지수는 있어도 그만 없어도 그만인 것이 아니다. 인간은 다른 사람과의 관계 속에서 살아가기 때문이다.*

---

* 케리 고예트가 쓴 책의 내용이 궁금하다면 다음 링크를 참조하라: www.nonobvious. com/guides/emotionalintelligence

⋯ 케리 고예트는 아페리오컨설팅그룹 Aperio Consulting Group의 설립자이자 회장이며, 행동 분석 전문가이다. 하버드비즈니스리뷰에 기사를 쓰고 있으며 전 세계에서 기조 연설자로 활동한다.

→ 원격 팀을 효과적으로 관리하려면 리더가 잠깐씩이라도 자주 소통하여 도움을 주고 지속적으로 격려해야 한다. 그리고 언제나 부과한 업무에 대해 '이유'를 설명해야 한다.

→ 비대면 근무 팀에서 생기는 갈등의 가장 큰 원인은 투명성 결여이다. 갈등을 예방하려면 사전에 업무 진행 상황을 알려주고 당신의 업무도 공개한다.

→ 팀의 책임감을 증진하려면 내키지 않는 상황에서도 무엇보다 먼저 상대방을 걱정해준 다음, 당신이 요구하는 바와 그렇지 않은 것을 명백하고 솔직하게 말해주어야 한다.

→ 비대면 환경에서 갈등이 생겼을 때 사람들이 보이는 일반적인 반응을 알아두어야 한다. 연락 단절/침묵, 보복/방해, 공격성/분노 등이 있다. 이런 반응이 왜 생기고 어떻게 진행되는지를 알고 있으면 누군가가 그런 반응을 보였을 때 효과적으로 해결할 수 있다.

→ 비대면 환경에서 감성 지능(감성 지수)을 효과적으로 활용하려면 전체 상황을 이해하고 다른 사람이 보이는 행동의 동기를 정확히 이해해야 한다.

12장

경쟁력을 갖춘
팀 꾸리기

위기가 닥치면 이미 존재했지만 눈에 보이지 않던 문제가 모습을 드러낸다. 협업에 어려움을 겪거나 현실에 안주하려고만 하는 팀이라면 위기에 직면해 더 많은 문제가 드러날 것이다.

코로나19 팬데믹의 즉각적인 영향 속에서도, 이미 원격근무를 시행하면서 시스템을 갖추고 가상 협업을 실시해온 회사들은 신속하게 상황에 적응했다. 시간이 흐르면, 아마도 그런 회사가 가장 빠르게 위기를 극복하고 다시 일어설 것이다.

위기에 신속하게 대응하고 그것을 극복하는 팀을 만들려면 어떻게 할까? 또 그런 팀의 일원으로서 성공적으로 업무를 수행하려면 어떻게 해야 할까? 이번 장에서는 다양성과 포용성을 갖춘 팀을 만드는 데 필요한 요소를 살펴보겠다. 다양성과 포용성을 갖춘 팀이라면 세상의 변화에 잘 적응할 수 있을 뿐만 아니라 그 적응력을 꾸준히 유지하여 언제나 다른 조직보다 앞서 나갈 수 있기 때문이다.


## 진정한 다양성에 대해 사람들이 간과하는 것

지난 수년간 다양성과 포용성이 비즈니스 분야에서 화제가 되고 있다. 이 주제는 충분히 화제가 될 만하다. 다양성을 갖춘 회사가 성공적인 재정 능력을 보여준다는 보고도 점점 늘고 있다.[49] 그렇다면 다양성이란 무엇일까?

**다양성이 누군가를 파티에 초대하는 것이라면, 포용성은 누군가에게 함께 춤추자고 청하는 것이다.**[50]

컨설턴트이자 문화혁신가인 버나 마이어스의 이 말은 다양성과 포용성을 이야기할 때 자주 인용되며, 원격근무 팀을 꾸릴 때 꼭 필요한 말이다.

그런데 문제는 다양성을 보통 한 가지 관점으로만 생각한다는 점이다. 바로 인구 통계학적 관점이다. 가령 팀원이 다양한 성별, 연령, 능력, 문화적 배경을 가지고 있다면 사람들은 그 팀에 다양성이 있다고 말한다. 정말 그럴까?

유감스럽게도 여기에는 두 번째로 중요한 요소가 빠져 있다. 바로 경험의 다양성이다. 팀원에게 다양한 업무 경험이 있는가? 팀원 중에 도시보다 시골에 사는 게 익숙한 사람이 있는가? 외향적인 사람과 내성적인 사람이 섞여 있는가? 팀원이 선호하는 업무 방식이 다양한가?

**진정한 다양성을 갖춘 팀은 서로를 이해하려고 더 많이 노력해야 할 것이고 그것은 바람직한 현상이다.**

언제나 서로를 이해하려고 노력하는 팀이라면 고객의 마음도 더 잘 이해할 수 있을 것이다.

# 훌륭한 원격근무자를 고용하기 위한 3가지 비결

원격근무직을 구하는 사람들에게 조언을 해주는 책이 많이 있다. 어떤 책에서는 원격근무를 하면 해변에서 일하는 꿈을 실현할 수 있다고 장담하기도 하고, 또 어떤 책에서는 가족의 상황에 맞춰 얼마든지 업무 시간을 조절할 수 있다고 자신 있게 말하기도 한다.

그렇다면 원격근무를 할 팀원을 뽑을 계획이라면 어떤 점을 생각해봐야 할까? 또 어떻게 해야 원격근무가 가능한 새로운 일을 구할까? 먼저 최선의 원격 팀을 구성하는 데 필요한 3가지 비결을 알아보자.

## 비결 1: 가장 중요한 것은 진취성이다

팀원과 매일 만나지 못하는 상태로 일할 때는 자발성이 매우 중요하다. 미리 이런 특징을 관찰하라. 회의 준비를 잘하는가? 업무와 관련된 질문을 하는가? 자신이 하겠다고 한 일에 대해 후속 작업을 신속히 수행하는가? 이런 행동은 그 사람이 팀에 도움을 주는 귀중한 존재가 될 수 있다는 신호이다.

## 비결 2: 의견의 다양성을 추구한다

팀원의 성별, 민족, 관점이 다양한 것을 넘어, 회사가 속한 산업 분야나 회사의 업무에 대해 당신과 의견이 다른 직원을 찾아보아야 한다. 앞서 말한 대로 진정한 다양성을 가지려면 배경이 다른 사람 "뿐만 아니라" 생각이 다른 사람까지 포함해야 한다. 반대 의견 없이는 큰 이익을 얻을 수 없다.

### 비결 3: "공백기"를 너그럽게 받아들인다

사업을 시작하거나 직장을 관두고 여행을 갈 경우, 혹은 아이 때문에 일을 쉬는 경우, 경력에 공백이 생긴다. 이런 공백기는 몇 달이 될 수도 있고 몇 년간 이어지기도 한다. 공백기가 얼마가 됐든, 그 사람이 원격근무를 하려는 이유도 다방면에서 균형 잡힌 삶을 원하기 때문일 것이다.

그 사람이 일정 기간 일반적인 일자리에서 일하지 않은 이유에 초점을 맞추지 말고 공백기에 어떤 것을 배웠는지, 팀에 기여할 수 있을 만큼 가치 있는 경험을 했는지 물어보라.

## 비대면 면접에서 승리하는 법

2013년 영화 《인턴십The Internship》을 보면 2명의 판매원(빈스 본과 오웬 윌슨)이 구글의 인턴사원에 지원하는 내용이 나온다. 두 사람은 웹캠을 이용해 공공 도서관에서 비대면 면접을 치렀고, 우스꽝스러운 모습에 실패할 것 같았지만 놀랍게도 결국 인턴사원이 된다.

결국 두 사람은 가상 면접에서 하기 어려운 일을 잘 해냈다. 그것은 바로 자신의 진짜 모습을 보여주는 것이다. 당신이 지원자로서 가상 면접에 임하거나 면접관으로 참여한다면, 지원자는 자신의 진짜 모습을 있는 그대로 보여주고 면접관은 지원자의 진짜 모습을 발견하는 것이 가장 중요하다.

그렇다면 어떻게 해야 면접관으로서 지원자의 본모습을 볼 수 있을까? 아니면 지원자로서 가상 환경에서 자신의 본모습을 보여줄 수 있을까? 비법을 몇 가지 소개하면 다음과 같다.

→ **기술 장비에 문제가 생기지 않도록 한다.** 면접에 임하기 전에 가상 면접에 필요한 도구의 사용법을 익히고 연습하여 문제없이 면접이 진행되도록 한다.

→ **적절한 배경을 선택한다.** 지원자나 회사의 개성을 한눈에 보여줄 만한 것이 무엇일까? 배경에서 개인적인 면을 적절히 드러내면 대화를 이끌어갈 좋은 소재가 될 수 있다.

→ **미리 준비한다.** 면접관이라면 지원자의 자격증을 미리 살펴보아야 심층적인 질문을 할 수 있다. 지원자라면 지원한 회

사의 정보를 미리 알아보아야 그 회사에 대한 자신만의 관점을 말할 수 있는 것은 물론이고 회사에 대한 통찰력 있는 질문을 할 수 있다.

→ **소품을 활용한다.** 자신이 하려는 이야기를 정확히 전달하거나 경력을 설명할 때 말로 설명하기보다는 실제 물건을 이용하는 것이 도움이 될 때가 있다. 읽고 있는 책이나 최근 끝마친 프로젝트 결과물을 보여주거나 카메라를 돌려 사무실 내부를 보여주는 것도 좋다.

## 비대면 온보딩 프로그램

⋯→ 글: 그레그 베스너

원격근무가 계속 증가하면서 가상 환경에서 온보딩 프로그램˚을 진행하는 것이 일반적인 현상이 되었다. 기업들은 원격근무자들이 되도록 빨리 기업 문화를 받아들이고 바람직한 기업 문화를 이어가기를 바랄 것이다. 그렇다면 회사 문화를 중심으로 신입 사원의 회사 적응을 도울 가상 온보딩 프로그램의 모범 사례를 알아보자.

---

˚ 신입 직원이 직무에 빠르게 적응하도록 도와주는 프로그램이다. — 옮긴이

→ **화상 온보딩 프로그램**: 화상 회의를 활용하여 최대한 많은 사원에게 신입 사원을 소개한다. 화상 회의를 통해 신입 사원은 다양한 직책을 가지고 다양한 장소에서 일하는 팀원과 소통할 기회를 가질 수 있다. 또 사원의 이야기를 듣고 화상 회의 분위기를 보면서 실제 회사의 문화를 알 수 있다.

→ **멘토 배정**: 숙련된 사원을 멘토로 지정하여 온보딩 프로그램 기간에 신입 사원을 지도하도록 한다. 회사 내의 바람직한 문화와 핵심 가치를 몸소 실천하는 대표적인 사원들을 멘토로 지정해야 한다.

→ **가상 투어**: 그 회사의 문화를 한눈에 볼 수 있는 영상이나 회사 내부를 담은 사진이 있다면 편집하여 가상 투어 형태로 공유한다. 회사의 좋은 문화를 자랑하는 기회가 될 것이다.

→ **창의성 발휘**: 비대면 온보딩 프로그램을 얼마든지 창의적으로 준비할 수 있다. 신입 사원의 입장을 배려하고, 혁신적이면서도 진정성 있는 내용으로 준비한다면 신입 사원도 흥미를 보이고 회사가 지향하는 좋은 문화를 이루는 데 동참할 것이다.

⋯ 그레그 베스너는 컬처아이큐CultureIQ의 설립자이자 부회장이며, 《문화 지수The Culture Quotient》를 썼다.

# 원격근무와 블록체인

⋯ 글: 제러미 엡스타인

전 세계에 퍼진 유행병 때문에 사람들은 분산 경제가 어떤 것인지 체감하고 있다. 수년간 전문 기술직 종사자만 알던 것을 이제 모두가 배우고 있다. 휴대전화와 인터넷만 있으면 언제나 일할 수 있는 세상이 되었고, 이로 인해 직업의 정의도 바뀌고 있다.

분산되고 있는 것은 직업만이 아니다. 그리고 분산이 확대된다는 것은 우리가 한쪽에 집중하는 것이 위험하다는 사실을 알게 되었다는 뜻이다. 빠른 변화를 감안해 하나의 직업보다는 여러 개의 수입원을 선호하는 사람이 얼마나 많은가? 보장 범위를 넓히기 위해 건강 보험을 분산할 계획이 있는가? 저축은 어떻게 할까? 미국 달러로 증권투자를 할 것인가? 손실 위험이 적은 방법을 선호하는가?

**개방형 블록체인 기술은 중앙 관리자에게 과도하게 의존하면 개인의 위험도가 높아진다는 사실을 전제한다.**

이 원리를 이해하면 전문가들이 말하는 "단일 장애점"*이 무엇

---

* 작동하지 않으면 전체 시스템이 중단되는 요소를 말한다. — 옮긴이

인지 알 수 있다. 그리고 당신의 삶에 큰 타격을 줄 수도 있는 부분에서(수입, 저축, 건강, 판결, 신용 등급 결정, 심리審理, 주식 매매) 단일 장애점을 줄이려고 하면 할수록 더 많은 대안이 필요할 것이다.

이런 생각은 개방형 블록체인에 기반한 조직 모델과, 그런 조직을 가능하게 하는 암호화된 보안 자산에 힘을 실어준다. 가장 유명한 예는 바로 비트코인이다.

사람들은 코로나19 팬데믹이 안겨준 교훈과 기회를 받아들이면서 개방형 블록체인, 분산적 신뢰 시스템, 암호 경제가 필요한 이유를 알게 될 것이다. 당신은 그런 것에 관심이 없을지 모르지만 이것은 엄연한 현실이다. 그리고 HTTP(인터넷 데이터 통신 규약)와 SMTP(단순 메일 전용 프로토콜)가 그렇듯이, 그것들은 우리도 모르게 우리 삶에 깊숙이 들어와 미래 분산 경제에서 신뢰의 기반이 될 것이다.

그리고 재택근무는 분산 경제로 이동하는 기나긴 여정의 첫걸음이 될 것이다.

⋯ 제러미 엡스타인은 크립토퓨투라펀드Crypto Futura Fund의 최고 투자 책임자이다.

내가 쓴 책, 《뻔하지 않은 트렌드 리포트Non-Obvious Trend Reports》 시리즈를 읽어보면 내가 지난 10년간 트렌드에 대해 고민하고 글을 쓰는 데 많은 시간을 투자했다는 사실을 알 수 있을 것이다. 이 작업의 핵심은 비즈니스와 소비자 행동 안에서 나타나는 변화와 트렌드를 발견하는 것이었다. 그리고 트렌드를 알면 업무 방식의 변화도 알 수 있다.

다음은 업무 방식의 변화를 볼 수 있는 5가지 트렌드이다. 미래에 경쟁력을 갖춘 팀을 구성할 계획이 있거나, 그런 팀의 일원이 되고 싶은 사람에게 유용할 것이다.

1. **정체성 증폭**: 전 세계적으로 개인주의가 강조되면서 사람들은 남들에게 보일 자신의 이미지를 만드는 데 공을 들이고, 그것을 발판으로 스타가 되기를 바란다. 그 과정에서 의도적으로 논란이 될 만한 행동을 하기도 한다.

   이런 현상은 4장에서 이야기했던 퍼스널 브랜드의 중요성과도 관련이 있다.

2. **인스턴트 지식**: 필요에 따라 얕은 지식을 습득해서 소비하는 시대에 우리는 모든 것을 더 빠르게 배움으로써 이득을 얻

는다. 하지만 전문성과 지혜라는 가치를 잃어버릴 위험도 있다. 이런 시대 흐름의 결과로 수많은 학습 콘텐츠가 가상 채널을 통해 생산 및 소비되고 있다.

그러다 보니 8장에서 살펴봤던 웨비나와 온라인 학습의 제작과 소비가 점점 중요해지고 있다.

3. **복고주의**: 신기술과 복잡해진 삶이 주는 압박에서 벗어나기 위해 사람들은 향수를 불러일으키거나 좋았던 시절을 떠올려주는 단순한 경험을 찾는다. 효과적인 원격근무 공간을 꾸미는 방법이나 원격근무자의 생활방식에서 이런 트렌드가 자주 나타난다.

각각 3장과 2장에서 다룬 내용들이다.

4. **인간 모드**: 각자를 고립시키는 기술에 지치면 사람들은 신체적 활동, 실제 경험, 그리고 "불완전한" 경험을 추구하게 된다. 그래서 인간관계는 앞으로도 계속 중요한 문제가 될 것이다.

비대면 대화에서 인간미를 추구하는 상황, 그리고 원격근무를 하는 동안 신뢰 관계를 키우는 방법은 6장, 7장, 9장, 10장에서 폭넓게 다루었다.

5. **끊임없는 변화**: 사업 간 경계가 무너지면서 사업 모델, 유통 채널, 소비자의 기대치 등에서 혼란이 거듭되고 있다. 비즈

니스의 본질인 변화, 그리고 거듭되는 변화를 받아들이는 데 필요한 마음가짐에 대해서는 2장과 이번 장에서 알아보았다.

## 12장 요약

→ 다양성은 단순히 팀원의 배경이 다양한 것을 의미하지 않는다. 팀원이 서로의 의견에 도전할 수 있는 다양한 견해를 가지는 것도 포함한다.

→ 원격 팀의 팀원을 고용할 때에는 진취적인 지원자를 선택한다. 또 생각이 다른 사람을 포함하도록 하며 그 사람의 "공백기"를 너그럽게 인정해야 한다.

→ 비대면 면접에서는 자신의 성품을 드러내면서, 지원하는 회사를 깊이 조사하여 가치 있는 의견을 제시하도록 한다. 그리고 이 모든 과정에서 기술 문제로 대화가 끊기는 일이 없어야 한다.

# 변화하는 업무 환경에서 살아남기

나는 애정과 의무감을 가지고 이 책을 썼다. 우리는 누구나 능숙하게 원격근무를 하고 가상 회의를 주최하거나 참가해야 하는 시대에 살고 있다. 하지만 내가 하려는 것은 사람들에게 그런 기술을 가르치는 것이 아니다.

나는 다른 사람이 미처 생각지 못한 것을 알려주고 싶다.

실제로 지난 몇 년간 많은 사람에게 그들이 미처 생각지 못한 이야기를 해주었고, 그런 사실을 알아내기 위해 10년간 트렌드 연구를 해왔다.

나는 점차 빨라지고 있는 현재 세상을 관찰한 뒤 그것을 큐레이팅한 결과가 트렌드라고 말하곤 한다. 그리고 우리가 사는 현재 세상은 분명히 점점 빨라지고 있다.

코로나19 팬데믹 이후 모두가 미래에 대해 무엇을 기대할 수 있을지 알고 싶어 한다. 하지만 불확실한 시대를 이해하려면 그것을 설명해줄 사람이 필요하다.

나는 10년간 새로운 트렌드를 찾아내고 그 특징을 연구하면서 아무리 큰 변화가 닥쳐도 그 변화에 유연하게 적응할 수 있게 해주는 원칙이 한 가지 있음을 깨달았다.

항상 호기심을 가지라.

나는 때때로 쓸모없어 보일 수도 있는 지식까지도 찾아 모아왔다. 그리고 그것이 바로 나의 성공 비결이 되었다.

인공적으로 비를 내리게 하는 비구름 씨에 대해 처음 들었을 때, 나는 그날 오후 내내 그것과 관련된 자료를 읽었다. 지난해에는 강연을 준비하면서 다이아몬드 약혼반지 판매에 관한 90분짜리 세미나에 참석하기도 했다. 가지고 있는 전문 지식이나 생각의 범위가 좁을수록 큰 변화에 적응하기 어려워진다.

우리는 이미 심각한 변화에 맞닥뜨렸다. 지금 당신의 업무 방식이 10년 후에는 완전히 달라질 수 있다. 이것은 누군가에게는 두려운 일이고 또 누군가에게는 흥미로운 일일 것이다. 나는 흥미로운 쪽을 택하겠다.

당신도 그러기를 바란다.

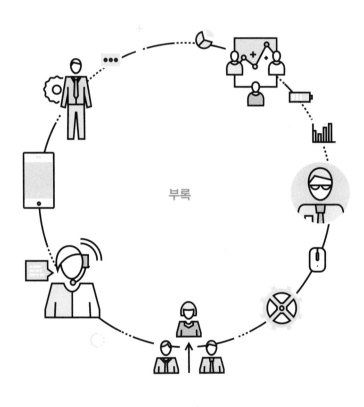

부록

# 추천 도서

이 책을 집필하면서 통찰력 있는 견해를 참고하느라 비대면 리더십과 비대면 팀, 원격근무, 비대면 협업 등과 관련된 주제를 다룬 수십 권의 책을 구입했다. 그중 꼭 추천하고 싶은 책이 몇 권 있다.

《리모트: 사무실 따윈 필요 없어!Remote: Office Not Required》(제이슨 프리드 · 데이빗 하이네마이어 한슨, 임정민 옮김, 위키미디어, 2014)

《원격 리더십The Long-Distance Leader》(케빈 아이켄베리 · 웨인 터멜, 임채곤 옮김, 바이탈경영교육원, 2020)

《Work Together Anywhere: A Handbook on Working Remotely》, Lisette Sutherland · Kirsten Janene-Nelson

《Influencing Virtual Team: 17 Tactics That Get Things Done with Your Remote Employees》, Hassan Osman

《The Definitive Guide To Facilitating Remote Workshops》, Mark Tippin · Jim Kalbach · David Chin

# 인용 출처

1. 《Remote : Office Not Required》, Jason Fried & David Heinemeier Hansson, 13p.

2. https://www.owllabs.com/state-of-remote-work/2018

3. https://www.citylab.com/life/2015/12/the-invention-of-telecommuting/418047/

4. https://www.owllabs.com/state-of-remote-work/2018

5. https://www.menshealth.com/sex-women/a19524626/why-long-commutes-lead-to-divorce/

6. https://globalworkplaceanalytics.com/resources/costs-benefits

7. https://youtu.be/oiUyyZPIHyY

8. https://www.inc.com/brit-morse/remote-work-survey-owl-labs.html

9. https://hbr.org/podcast/2020/03/adjusting-to-remote-work-during-the-coronavirus-crisis

10. 《Silent Messages》, Albert Mehrabian 1.

11. https://youtu.be/oiUyyZPIHyY

12. https://www.shellypalmer.com/2020/03/desk-jockey-badass-remote-worker-easy-steps/

13. https://austinkleon.com/2020/03/11/a-working-from-home-manual-in-disguise/

14. https://stories.buffer.com/my-morning-routine-as-a-remote-ceo-and-why-its-always-changing-14773c4a95b3

15. https://www.brianfanzo.com/forced-to-work-from-home-with-adhd-now-what/

16. https://melrobbins.com/blog/five-elements-5-second-rule/

17. 패멀라 슬림Pamela Slim과의 이메일 인터뷰 중에서.

18. 닌 제임스Neen James와의 이메일 인터뷰 중에서.

19. https://medium.com/@tacaponi_7153/the-sales-sales-leadership-loneliness-epidemic-7bf15690be6e

20. 《Deep Work》, Cal Newport, 3p.

21. https://ideas.repec.org/a/eee/jobhdp/v109y2009i2p168-181.html

22. 미치 조엘Mitch Joel과의 이메일 인터뷰 중에서.

23. https://brandmanagecamp.com/blog/7-zoom-video-mistakes/

24. 브리 레이놀즈Brie Reynolds와의 이메일 인터뷰 중에서.

25. 헨리 메이슨Henry Mason과의 이메일 인터뷰 중에서.

26. https://www.nytimes.com/2020/04/14/us/zoom-meetings-gender.html

27. 그레그 로스Greg Roth와의 이메일 인터뷰 중에서.

28. https://youtu.be/vYwN2LFDeFA

29. https://lauragassnerotting.com/2020/03/30/trust/

30. 《Steal the Show》, Michael Port, 222p.

31. https://www.linkedin.com/pulse/why-we-must-avoid-superficial-content-carmen-simon/

32. https://blog.webex.com/video-conferencing/why-screen-sharing-works-better-for-sales-than-traditional-conference-calls/

33. https://www.linkedin.com/pulse/advanced-speakers-avoid-apologies-carmen-simon/

34. https://www.jaybaer.com/7-virtual-event-success-factors/

35. https://www.psfk.com/2020/03/virtual-events-live-streaming.html

36. https://youtu.be/HDxVHY8d6-g

37. https://youtu.be/E82atOgbfj4

38. https://www.marshallgoldsmith.com/articles/hows-your-digital-body-language/

39. 《Work Together Anywhere》, Lisette Sutherland, 218p.

40. http://sunnibrown.com/silos-suck-doodle-everyone-onto-page/

41. 앤드루 롱Andrew Long과의 이메일 인터뷰 중에서.

42. 제시 슈테른셔스Jessie Shternshus와의 이메일 인터뷰 중에서.

43. https://blog.kevineikenberry.com/leadership-supervisory-skills/five-things-leaders-of-newly-remote-teams-must-do/

44. 스콧 디지아마리노Scott Digiammarino와의 대면 인터뷰 중에서.

45. 나빈 라즈데브Naveen Rajdev와의 이메일 인터뷰 중에서.

46. https://blog.asana.com/2020/03/asana-tips-work-from-anywhere/

47. https://blog.zoom.us/wordpress/2020/04/06/cio-panel-best-practices-for-enabling-remote-workforce/

48. https://refound.com/2020/03/26/in-a-crisis-dont-confuse-loud-with-worse/

49. https://www.thebalance.com/cultural-diversity-3306201

50. https://www.refinery29.com/en-us/2017/05/156009/harvard-business-school-diversity-issue-essay

# The Non-Obvious
# Guide to
# Virtual Meetings
# & Remote Work